D1607696

MITOLOGÍA FANTÁSTICA PARA NIÑOS

Mitología fantástica para niños te abre las puertas al mundo maravilloso de la fantasía, al mismo tiempo que te ofrece, de una manera clara y divertida, una introducción a las figuras, personajes e historias fundamentales del humanismo clásico, información que te será indispensable para tu escuela y para que llegues a ser un hombre culto. Asimismo, este libro también podrá ser leído y disfrutado por tus papis.

Hereda la sabiduría de la antigua Grecia a través de este libro bellamente ilustrado, y comparte con los dioses del Olimpo esta aventura del pensamiento y de la imaginación.

FRANCISCO TRUJILLO

MITOLOGÍA FANTÁSTICA
PARA NIÑOS

SELECTOR
actualidad editorial

SELECTOR
actualidad editorial

Doctor Erazo 120   Tels. 588 72 72
Colonia Doctores   Fax: 761 57 16
México 06720, D. F.

MITOLOGÍA FANTÁSTICA PARA NIÑOS

Portada: Sergio Osorio
Ilustraciones: Alberto Flandes

D.R. © 1994, Selector, S.A. de C.V.

ISBN: 968-403-763-5

Vigésima Tercera reimpresión. Agosto de 2004

Características tipográficas aseguradas conforme a la ley.
Prohibida la reproducción parcial o total de la obra
sin autorización de los editores.
Impreso y encuadernado en México.
Printed and Bound in Mexico.

Índice

La naturaleza fantástica

Los héroes

Personajes famosos

Afortunadamente, los griegos estaban un poco locos y de su genial locura nos alimentamos todavía nosotros. Afortunadamente.

Fernando Savater

Este libro está dedicado a Lupita y Jorge,
la pareja de personas más locas que conozco,
y a las que más quiero.

Introducción

La manera en que tú concibes el mundo, lo que para ti es bueno o malo, apreciable, justo o interesante no es lo mismo para todas las personas. Un hombre de China, por ejemplo, no ve el mundo de la misma manera que uno de Egipto u otro de Suecia. Las diferencias se deben a que cada uno pertenece a una cultura distinta.

Así, llamamos cultura a la manera en que un pueblo se representa mentalmente el universo para actuar en consecuencia. Este libro pretende presentarte, joven lector, un panorama lo más amplio y rico posible de una de las más importantes fuentes de nuestra cultura: la mitología griega.

Las historias que encontrarás aquí son el fruto de la imaginación de hombres que vivieron hace mucho tiempo. Aunque ellos no contaron con los adelantos científicos que ahora conocemos, fueron tan inteligentes como nosotros, y en algunos casos lo fueron más.

Nuestra cultura actual menosprecia la fantasía y, para la mayor parte de la gente, la imaginación creadora, mientras la cultura de los antiguos griegos les otorgaba una gran importancia. Tal vez por eso es que pueda parecerte un poco extraño el mundo que aparecerá ante los ojos de tu mente, pero no debes olvidar que de ese mundo es de donde surgió el actual; que ese mundo maravilloso es el abuelo o el tatarabuelo de éste en el que vives, y que, como todos los viejos, guarda una gran sabiduría.

Yo hubiera querido narrarte todas las antiguas historias griegas que conozco, pero me fue imposible, así que realicé una selección de las que considero más representativas con el objetivo de "abrirte el apetito" para que luego tú, si lo deseas, te aventures en busca de otras. Apenas relato una o dos de las historias que aparecen en La Iliada y La Odisea, esos dos grandes poemas, así que ahí tienes el paso siguiente, si es que deseas adentrarte en este mágico universo.

Al final de cada historia encontrarás una pequeña guía de reflexión precedida por la palabra *"piensa"*; con ella he querido invitarte a que penetres en el significado profundo de lo que has leído. Cada uno de nosotros puede hacer diversos hallazgos, así que no vayas a creer que lo señalado por mí es todo lo que se puede pensar. Utiliza esas ideas como base y lánzate a tus propias reflexiones: No existe mayor tesoro para cada ser humano, y esto bien lo supieron los griegos, que su propio pensamiento.

Instrucciones de lectura imprescindible

Este libro es un conjunto de pequeños relatos entretejidos. Los personajes y las situaciones que se mencionan en un apartado vuelven a aparecer en otro más adelante, o cuando menos son tomados en él como referencia; por ello es muy importante que realices tu lectura de principio a fin, es decir, que comiences por el primer relato, sigas con el segundo y luego con el tercero, el cuarto y así sucesivamente, a fin de que el contenido te resulte perfectamente comprensible.

Sigue estas indicaciones y abandónate al placer. Que sea tu mente el escenario y tu imaginación penetre en cada uno de los personajes.

EL UNIVERSO

El Cosmos

Todo era un mar de lodo y su nombre era Caos, que significa confusión. No había ni montañas ni árboles ni luz ni planetas ni seres vivos. Sólo existía el lodo, y este lodo era la mezcla desordenada de todo lo que ahora conocemos. Ahí estabas tú antes de nacer, y tus papás y tus maestros, y los papás de tus papás, y el mar y tus pensamientos, y la alegría y el valor y todo, todo lo que te puedes imaginar.

No existía nada más. Solamente lodo. Pero en un momento, repentinamente, nació la conciencia . ¿Te has dado cuenta que cuando despiertas es como si todo apareciera en un instante? Pues fue así como se creó el universo cuando nació la conciencia.

El primer ser fue la diosa Gea, la Madre Tierra. Gea despertó a la conciencia y se separó del Caos. Se puso de pie, luego estiró sus brazos y sus piernas lentamente, como lo hacen los bebés, sonrió satisfecha y contenta de estar viva, porque estar vivo es la mayor fortuna y la mayor alegría que existe, y finalmente se recostó boca arriba, como hasta hoy la conocemos. Después de Gea fue el cielo quien despertó, se llamaba Urano; él también estiró su cuerpo felizmente y se recostó sobre Gea, luego de separarse del Caos.

Fue así como surgió del caos la más antigua pareja divina; pero faltaba por despertar un tercer dios para que todas las criaturas del universo pudieran comenzar a vivir. Se trataba de Eros, el amor.

La fuerza de Eros es muy semejante a la del imán, que provoca la atracción entre los metales, de tal manera que cuando Eros se separó del Caos su fuerza provocó que Gea y Urano sintieran atracción el uno por el otro, y cuando finalmente se unieron, comenzaron a engendrar nuevos seres y la vida inició su expansión por el universo.

Fue así como todo nació: la luz, la espuma,

los colores, las sombras, los sonidos, los metales y todo, todo nació como resultado de la unión de Urano y Gea, los primeros dioses.

De esta manera, aquel mar de lodo oscuro y muerto comenzó a convertirse en el maravilloso universo vivo que hoy conocemos, y cambió su nombre de Caos por el de Cosmos, que significa Orden.

Piensa :

☞ ¿Qué es la conciencia?

☞ ¿Es importante tener conciencia?

****

Los Titanes

¿Has visto llover? Para los griegos las gotas de lluvia eran los besos que Urano lanzaba a su esposa Gea... Cuando ha terminado de llover y el agua se evapora y sube hacia el cielo, las nubes que forma eran para ellos las caricias con que Gea correspondía a su esposo. Así, para los antiguos griegos la lluvia era un acto de amor entre los dioses.

Gracias al amor, es decir, gracias al poder de Eros, inició la lluvia en el Cosmos, y Urano y Gea comenzaron a tener descendencia.

Aunque todos los seres nacieron de la unión de estos dos dioses, fueron doce sus principales hijos; seis hombres, que se llamaron Titanes, y seis mujeres, que se llamaron Titánides. Titanes y Titánides eran dioses enormes y su forma de ser tenía algo de terrible, algo de salvaje. Con sus cantos hacían temblar la tierra. Sus voces desataban tempestades. Eran capaces de subir hasta el cielo y ahí saltar de un planeta a otro. Sí así lo deseaban podían detener el sol, e incluso obligarlo a dar marcha atrás. Ellos extendieron el mar por toda la tierra y crearon la multitud de seres fabulosos que lo habitan. Con sus propias manos construyeron montañas y acantilados. En fin, Titanes y Titánides fueron los primeros príncipes del Cosmos, y como se unieron entre sí, engendraron una gran cantidad de descendientes que se distribuyeron por todas partes de la tierra, del mar y del cielo.

Los Titanes poseían un temperamento salvaje, pero Cronos, el menor de los doce hermanos, fue el más sanguinario de todos. Cuando Cronos llegó a la edad adulta, sustituyó por la fuerza a su padre en el trono del universo.

Este violento titán tomó una hoz muy filosa (la hoz es ese cuchillo en forma de luna tierna que utilizan los campesinos para cortar la hierba), hizo a un lado los cabellos que le cubrían el rostro, y se abalanzó sobre Urano con inten-

****

ciones de matarlo, aunque Urano era inmortal. De cualquier manera, finalmente Urano se declaró derrotado, y se alejó chorreando sangre por las heridas que su hijo le había provocado. Pero antes de retirarse, advirtió a Cronos: " Ten mucho cuidado, pues así como ahora tú me expulsas de mis dominios llegará el día en que tú mismo serás expulsado por tus propios hijos". Fue así como los Titanes, encabezados por Cronos, dejaron de ser príncipes para convertirse en señores del Cosmos.

Piensa :

En lengua griega la palabra Cronos significa "tiempo". ¿Conoces la figura con la que representamos actualmente al tiempo? Es ese anciano de largos cabellos y barba blanca que en una mano lleva un reloj de arena y en la otra...

☞ ¿Qué objeto es el que lleva en la otra mano?

☞ ¿Qué crees tú que esto signifique?

Las Moiras

Las Moiras eran tres viejecitas hilanderas. Trabajaban en su oficio de día y de noche sin descansar. Eran hermanas.

La mayor convertía los copos de lana en hilo, con ayuda de su rueca; la de en medio poseía una regla, con la que medía la longitud del hilo, y la menor cortaba el hilo con sus tijeras.

El hilo que de esta manera fabricaban las Moiras era la vida de los mortales.

Ellas eran las diosas encargadas de asignar a cada uno el tiempo que habría de vivir sobre la tierra.

Así, un humano cualquiera, aunque pasara por muchos peligros, no moriría sino hasta cuando las Moiras lo hubieran señalado.

Una vez que la tijera de la hermana menor cortaba el hilo, no existía poder en todo el universo capaz de librar a dicho humano de la muerte.

Piensa:

Para los antiguos griegos la vida de cada mortal, la tuya y la mía, así como la de todos los seres humanos que conoces, era un simple hilo tejido por las Moiras, pero...

☞ ¿Existe algo más valioso para ti que ese hilo?

☞ ¿Por qué crees que los griegos, imaginaron la vida como un hilo?

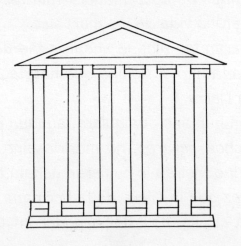

Las Grayas

Para los antiguos griegos el mundo habitable terminaba en el occidente extremo, donde tarde tras tarde se oculta el sol. Más allá se encontraba el País de las Sombras y la entrada al Mundo de los Muertos.

Pues bien, en un lugar indefinido entre el País de las Sombras y el Mundo de los Muertos vivían las Grayas en una caverna oculta en las faldas de una montaña. Las Grayas eran tres hermanas inmortales.

Habían nacido ancianas. Nunca fueron niñas, ni muchachas, ni mujeres maduras, sino que fueron siempre ancianas y siempre vivieron juntas. Vestían miserablemente y permanecían siempre sucias, al igual que el interior de su caverna, por lo que despedían un olor nauseabundo.

Tenían vacías las cuencas de los ojos, y para

poder ver se turnaban un solo ojo mágico, que al encajárselo en alguna de las cuencas les producía mucho dolor. Tampoco tenían dentadura, y para poder masticar sus alimentos usaban un solo diente, que al igual que el ojo se encajaban alternadamente en las encías.

Las Grayas no conocían la felicidad ni la tristeza. Lo único que les interesaba era cumplir con su misión. Debían vigilar el camino hacia el Mundo de los Muertos, debían cuidar que ningún mortal fuera a introducirse en él. Para ello atraían hasta su caverna a los caminantes, prometiéndoles que les harían conocer el futuro, pero ya ahí les cortaban la cabeza y los devoraban.

****

Piensa :

☞ ¿Qué papel jugaban las Grayas al atraer a los caminantes hacia la muerte?

☞ ¿Qué papel jugaban los caminantes, al ser atraídos?

Las Erinias

¿En alguna ocasión te has sentido arrepentido por algo que hayas hecho? ¿Te has sentido culpable y avergonzado, inquieto y con la extraña sensación de que no puedes gozar nada de lo que la vida te da? ¿Has sentido alguna vez que algo como que te arde o te punza en la conciencia? Los griegos achacaban este malestar a la obra de las Erinias.

Las Erinias eran tres terribles monstruos. Habían nacido de las gotas de sangre que salpicaron la tierra cuando Cronos atacó a Urano. Su forma era la de horribles mujeres con alas parecidas a las de los murciélagos, solamente que mucho más grandes; en vez de cabellos les crecían serpientes venenosas de la cabeza, y en lugar de pies y manos tenían garras enormes.

Las Erinias volaban de un lado a otro arma-

das con látigos y antorchas que les servían para cumplir su misión. Tenían la tarea de castigar a los malhechores y a todos aquellos, mortales e inmortales, que obraran mal.

Cuando las Erinias se apoderaban de alguien, lo enloquecían y lo torturaban de una manera insoportable. Aunque vivían en el Mundo de los Muertos eran capaces de transportarse en un instante hasta el lugar donde se encontrara su víctima, por más lejano y escondido que fuera.

No tenían más ley que ellas mismas, ni poseían entendimiento claro. Eran fuerzas salvajes que disfrutaban provocando el dolor.

Piensa :

☞ ¿Por qué crees tú que las Erinias hayan sido monstruos tan espantosos para la imaginación de los antiguos griegos?

LOS DIOSES

Zeus y los Olímpicos

Cronos se casó con su hermana, la titánide Rea. Como Urano había advertido a Cronos que uno de sus propios descendientes lo destronaría, cada vez que Rea tenía un hijo, él se lo arrebataba de las manos y ¡Brauff!, de un solo bocado lo devoraba...

Esta conducta salvaje atemorizó a Rea. Pero después de que Cronos ya había devorado a cinco de sus hijos, tres mujeres y dos hombres, Rea se sobrepuso al miedo y decidió salvar al siguiente.

Entonces nació Zeus. Rea se apresuró a esconderlo, y en su lugar entregó a Cronos una roca bien envuelta en pañales. Cronos cayó en la trampa e ingenuamente se tragó el envoltorio.

Cuando Zeus llegó a la edad adulta se hizo pasar por un sirviente de Cronos y aprovechó

****

la primera oportunidad para administrarle un poderoso medicamento mezclado con el vino. El medicamento hizo que Cronos vomitara, y fue así como los hermanos de Zeus salieron de nuevo al mundo, al igual que la piedra.

Zeus acaudilló a sus hermanos en una lucha contra los Titanes, que se llamó Titanomaquia. Después de diez años de batallas, Zeus y sus hermanos ganaron la guerra; desterraron a los Titanes y establecieron su morada en la cima del monte Olimpo, por lo que desde entonces adquirieron el nombre de Dioses Olímpicos.

Los tres hermanos varones se repartieron el gobierno de las diferentes regiones del Cosmos. A Hades le correspondió el Mundo de los Muertos, también llamado Tártaro. Este dios poseía un casco mágico, que volvía invisible a quien lo llevara puesto. Poseidón recibió el dominio sobre el mar y todas sus criaturas. El tenía un **tridente, de oro, con el que era capaz de** provocar terremotos, tempestades y hacer fuentes en la tierra más árida. Por su parte a Zeus le correspondió el dominio del cielo, y su arma fue el rayo, con el que fulminaba a sus enemigos. La tierra quedó bajo el influjo de los tres. Esta nueva generación de gobernantes del Cosmos fue mucho más refinada que la de los Titanes. Los Olímpicos fueron dioses más nobles y más civilizados.

Zeus se casó con su hermana Hera y restableció de esta manera el orden en el universo. Pero no todo fue alegría para los nuevos dioses triunfantes, pues Cronos, antes de abandonar el poder, hizo la misma advertencia a Zeus que en una ocasión Urano le había hecho a él: "Mucho cuidado —le dijo—, pues así como ahora tú me quitas el poder, un hijo tuyo te lo quitará a ti".

Piensa :

☞ ¿Por qué crees que los griegos imaginaron a la tierra bajo el influjo al mismo tiempo del dios del cielo, del dios del mar y del dios del Mundo de los Muertos?

La Cornucopia

Rea salvó a su pequeño hijo Zeus de ser devorado por Cronos. Dejó al bebé oculto en una cueva bajo el cuidado de una cabra. Esta cabra se llamaba Amaltea y sentía mucho cariño hacia el pequeño dios. Lo cuidaba con ternura y dedicación.

Una vez, mientras los dos jugaban, el niño por accidente arrancó uno de los cuernos de la cabra: aunque todavía era pequeño, Zeus poseía gran fuerza. Amaltea dio un terrible grito y comenzó a llorar de dolor.

Zeus se sintió muy apenado. Rápidamente colocó su manita sobre la herida e hizo desaparecer el dolor. Tomó el cuerno que yacía tirado en el suelo, se lo llevó a la boca y sopló por él como por una trompeta. Del cuerno comenzaron a brotar flores y fruta, leche, miel y semillas de todo tipo.

****

Devolvió el cuerno a Amaltea y ésta se maravilló ante los poderes del niño. Pero todas aquellas flores y alimentos y bebidas brotaban con tal abundancia del cuerno que hubiera resultado imposible conservarlo dentro de la cueva, así que Amaltea llamó a unas ninfas que vivían en un bosque cercano y se lo entregó.

Estas ninfas se dieron a la tarea de recorrer la tierra de un lado a otro, derramando los dones que brotaban del cuerno sobre los mortales afortunados. Pronto se conoció aquel objeto maravilloso con el nombre de Cornucopia, o Cuerno de la Abundancia.

Cuando Amaltea se hizo vieja y murió, Zeus colocó su figura en el cielo, en forma de una constelación. Ahora conocemos a esta constelación con el nombre de Capricornio.

Piensa:

☞ ¿Sabes lo que es una constelación?

☞ ¿Para qué sirven las constelaciones?

Hefestos y Afrodita

Cuando Cronos atacó a Urano, algunas gotas de sangre fueron a dar al mar. Esas gotas provocaron grandes cantidades de espuma. De entre la espuma brotó una concha marina que, meciéndose sobre las olas, abrió lentamente sus valvas, como si se tratara de los pétalos de una flor.

Dentro de la concha, en lugar de una perla se encontraba la diosa más bella de entre todas las que jamás existieron. Se trataba de Afrodita, la diosa de la belleza y del amor.

Aunque no fue hija de Zeus y de Hera, Afrodita formó parte de las Diosas Olímpicas, junto con Atenea, la diosa de la sabiduría, la inteligencia y la guerra justa, y con Hestia, la diosa del hogar. Afrodita, la más hermosa criatura del universo, llegó a ser esposa de Hefestos, el más feo de los dioses del Olimpo.

Hefestos sí era hijo de Zeus y Hera. Había nacido con el cuerpo un poco encorvado y deforme, lo que avergonzó a su madre. Para evitar burlas, Hera prefirió deshacerse del niño, arrojándolo hacia el mar.

Hefestos tardó un día entero en caer. Ya en el fondo del mar fue recogido por dos mujeres que de la cintura hacia abajo tenían cuerpo de pez. Estas mujeres eran Nereidas, y condujeron al pequeño dios hasta una caverna submarina. Allí Hefestos llegó a la edad adulta.

Hefestos era el dios del fuego y del trabajo de los metales. Pronto, sin que nadie le enseñara, aprendió el oficio de la joyería. Fabricó un sinfín de objetos preciosos que regaló a las Nereidas y a otras criaturas marinas. Un día hizo un trono completamente de oro adornado con gemas, que mandó a Hera como regalo.

Ella recibió aquel trono muy sorprendida. No lo pensó dos veces para sentarse en él y que todos los dioses pudieran admirar lo bien que lucía ahí. Pero el trono en realidad era una trampa que la sujetó con finísimos hilos de un

****

metal irrompible. Por más esfuerzos que hicieron todos los dioses, ninguno pudo liberarla.

Por fin, Zeus mandó llamar a Hefestos. Este se presentó en el Olimpo, y a cambio de soltar a Hera pidió ser recibido entre los dioses, pues tenía derecho a ello. Zeus se sintió orgulloso de la astucia y las habilidades de su hijo y aceptó con gusto. Hefestos cumplió con su parte del trato y Zeus no solamente lo recibió en el Olimpo, sino que lo premió con la mano de Afrodita.

Piensa:

☞ ¿Sabes lo que es la astucia?

☞ ¿Y la belleza? ¿Cuál de las dos es preferible?

Tique y Némesis

¿Recuerdas a las Moiras? Eran las hiladoras de la vida de los humanos, quienes determinaban cuánto tiempo habitaría un mortal sobre la tierra. Pero la forma que adquiriría para cada individuo la vida que ellas hilaban dependía de Tique y de Némesis, un par de jóvenes y bellas diosas.

Tique era la Fortuna. Ella repartía caprichosamente entre los mortales todo tipo de bienes. Ella daba la riqueza, la buena suerte, el poder y la belleza. Derramaba sus dones al azar, de tal manera que un pordiosero fácilmente podía convertirse en un hombre muy rico, o una mujer tonta en reina. Un hombre cualquiera podía ser el único sobreviviente de un naufragio, e incluso la persona más torpe del mundo podía encontrar siempre las mejores oportunidades para realizar sus deseos.

****

Pero así como repartía bienes, también los arrebataba. Los griegos sabían bien que nunca hay que confiar en los dones de la Fortuna, porque en cualquier momento pueden desaparecer. Un emperador, por ejemplo, solamente por el capricho de Tique, podía de un momento a otro caer en la miseria, e incluso el hombre más pobre podía perder su último mendrugo de pan.

Tique era una muchacha alegre que vestía con desenfado. Una cinta le cubría los ojos, de tal manera que no podía ver lo que repartía ni tampoco a quién. Corría alegremente de un lado a otro, sin entender bien a bien qué era lo que estaba haciendo.

Némesis era una diosa muy diferente. Ella vestía con elegancia y pulcritud. Se cuidaba de tener los ojos bien abiertos para que nada escapara de su vista. Su arreglo personal era sencillo y muy discreto.

Némesis cuidaba del cabal cumplimiento de la justicia divina. Ella vigilaba que ningún ser del Cosmos infringiera las leyes impuestas

****

por los dioses. De esta manera, si un hombre tenía poder pero lo utilizaba solamente para humillar a otros hombres, ella intervenía; abogaba ante Zeus para que aquel injusto recibiera castigo. Pero si otro hombre cualquiera se dedicaba al bien, entonces Némesis le procuraba la buena voluntad de los dioses.

Tique y Némesis, estas diosas tan distintas entre sí, eran amigas y trabajaban en conjunto.

****

Piensa :

Tique era la suerte, todo aquello que es capri-
choso y cambiante en nuestra vida. Por su
parte Némesis era la justicia, es decir lo que
cada hombre merece por sus actos. Para ti

☞ ¿Cuál de las dos sería la más importante?
☞ ¿Por qué?

Europa

Repentinamente salió de entre los matorrales, caminando como un rey, un enorme toro blanco. Muy cerca de ahí, a un lado de la playa, unas jovencitas, mientras cantaban y bailaban, se dedicaban a cortar flores. Cuando vieron al toro se asustaron y echaron a correr en todas direcciones.

Pero Europa, la más hermosa de todas ellas, permaneció quieta, de pie y aparentemente sin asustarse. La belleza y la majestad del toro la habían hechizado. Él se acercó mansamente a ella. Su piel era de un blanco inmaculado y sus cuernos parecían dos enormes gemas, transparentes como el cristal y unidos a la cabeza por engarces de oro.

Europa acarició al toro y él le lamió las manos. Al ver aquello, poco a poco las muchachas regresaron y pronto volvieron a iniciar sus juegos. Hicieron coronas de flores, con las que se adornaron y adornaron a su nuevo amigo.

El toro retozaba feliz en medio de aquel grupo de muchachas. Se echó al suelo, como invitándolas a montarlo. Pero ninguna se atrevió a aceptar, solamente Europa. Ella se sentó en el lomo del animal y se sujetó bien de los cuernos. Al instante él se incorporó de nuevo sobre sus cuatro patas y echó a andar hacia el mar.

" ¡Detente!", gritó Europa cuando el toro se metió entre las olas. "Detente... Por favor... Detente", siguió gritando cuando ya el animal nadaba en aguas profundas y comenzaba a avanzar con velocidad.

"¡Por favor... por favor...!" fueron las últimas palabras de Europa que llegaron hasta la playa.

Aquel toro fabuloso no era otro que Zeus, Transfigurado. Desde las alturas del Olimpo había visto a Europa de quien inmediatamente se enamoró.

Convertido en toro atravesó el mar a nado

con ella a cuestas, hasta que por fin, llegó a la isla de Creta donde recobró su figura y pudo unirse con la joven.

Zeus y Europa tuvieron varios hijos, quienes iniciaron una dinastía que gobernó sabiamente aquella isla, además de que contribuyó de manera muy importante a la civilización de toda Grecia.

Piensa:

☞ ¿Qué es un disfraz?

☞ ¿Tú para qué te disfrazas?

☞ ¿Te gusta o te disgusta que los demás se disfracen?

Las Musas

¿Alguna vez has sentido la necesidad de dibujar? ¿De componer una canción? ¿De contar una historia fantástica?... Cuando un griego sentía este tipo de impulsos se apresuraba a decir: "Las Musas me han inspirado".

Las Musas eran nueve diosas, hijas de Zeus y de Mnemósine, la diosa de la memoria. Entonaban cantos maravillosos con los cuales hacían el deleite de los inmortales. Estos cantos encerraban toda la armonía y todo el conocimiento del Cosmos.

La primera ocasión en que las Musas cantaron a coro fue cuando los Dioses Olímpicos triunfaron en la Titanomaquia contra los antiguos gobernantes del Cosmos. Desde entonces no dejaron de cantar, mientras bailaban y retozaban alrededor de la fuente mágica de Hipocrene, que Pegaso, el caballo alado, había

****

hecho brotar con un golpe de su casco.

Pero el canto de las Musas no sólo era escuchado por los dioses, sino también por algunos mortales afortunados. De vez en cuando las Musas sentían especial aprecio hacia algún mortal, entonces se le acercaban y le hablaban al oído.

Era de esta manera como la imaginación llegaba a los artistas, a los políticos, a los filósofos y a los científicos. Del canto de estas diosas emanaban todas las formas del pensamiento: la elocuencia, la persuación, la sabiduría, la historia, las matemáticas y la astronomía. Bastaba con que un hombre querido por las Musas entonara los cantos que ellas le habían enseñado para que todo humano que lo escuchara se olvidara de sus penas y de sus pesares.

Piensa :

☞ ¿Has escuchado tú alguna vez el canto de las Musas?

☞ ¿Podrías describirlo de alguna manera?

Io

Hera se sentía celosa de los encantos de Io, una mortal amiga de Zeus. Decidió dañarla de alguna manera. Pero Zeus transformó a Io en el primer animal que se le ocurrió —en una pequeña vaca, en una ternera— para salvarla de la furia de su esposa. Hera no pudo hallar a Io, pero tampoco cayó fácilmente en la trampa.

—Ya que no encuentro a tu amiguita —le dijo a Zeus— me voy a llevar a esta ternera.

Zeus no pudo negarse, pues se hubiera delatado.

Hera dejó al animal al cuidado de Argos, quien era un ser fabuloso, con figura humana pero que tenía cien ojos regados por todo el cuerpo. Los ojos de Argos dormían durante un breve periodo de tiempo, y solamente un par a la vez. Así, este ser era capaz de ver en todo momento y en todas direcciones.

****

—Cuida bien a esta ternera —le dijo la diosa a Argos—. Si escapa morirás.

Argos ató a Ío al tronco de un árbol y se sentó sobre una roca cercana para vigilar. Así pasó mucho tiempo. Ío no podía escapar y nadie se le acercaba, pues de inmediato era atacado por Argos. Zeus se compadeció de Ío. Mandó llamar a Hermes, el Dios Olímpico del azar y del comercio, quien era hijo suyo y el más astuto de todos los dioses.

—Libera a Ío —le dijo— y yo sabré recompensarte.

Hermes tomó su zurrón, se calzó sus sandalias aladas y volando se dirigió hacia la tierra. Cuando llegó cerca de donde se encontraba Ío cuidada por Argos, le ordenó a gritos que se apartara, porque si no lo mataría.

¿Qué? —preguntó Hermes, también en voz muy alta—. No te escucho.

—¡Que te alejes de aquí o te mato! —repitió Argos.

—¿Qué dices? ...Es que estoy muy lejos... Mejor me acerco para escucharte bien —y comenzó a caminar.

Argos se puso de pie y volvió a amenazar a Hermes, pero éste siguió asegurando que no escuchaba, y se acercó más y más.

—¿Por qué estás tan enojado? —preguntó al fin, cuando llegó junto a Argos.

—No es que esté enojado, es que nadie tiene que acercarse a esta ternera.

—¿No? y ¿por qué?

—No lo sé —continuó Argos—, pero es una orden que cumplo desde hace mucho tiempo.

—¡Ah! —exclamó Hermes— Has estado mucho tiempo alejado de la gente. Es por eso que estás tan enojado. No te preocupes, amigo, yo te cantaré algunas canciones para que olvides tu enojo.

Argos sintió simpatía hacia aquel personaje tan amable. Y aunque al principio no quería permitirle cantar, finalmente decidió que lo dejaría entonar dos o tres canciones y luego lo haría irse.

Hermes sacó una lira de su zurrón y acompañado por ella comenzó a cantar. Su canto era tan mágico y encantador como el de las musas. Al momento Argos quedó hechizado. Todas sus obligaciones se le borraron de la mente.

Poco a poco Hermes fue convirtiendo sus cantos en canciones de cuna. Los ojos de Argos se fueron cerrando par tras par hasta que todos quedaron dormidos.

Entonces, muy silenciosamente, Hermes sacó una filosa espada del zurrón y de un solo golpe ¡zac! cortó la cabeza de Argos. Luego liberó a la ternera, que más tarde Zeus regresó a su figura original de muchacha.

Cuando Hera supo lo que le había sucedido a Argos decidió recompensarlo. Colocó los cien ojos de aquel ser maravilloso en la cola del pavorreal, de la misma manera como hasta hoy podemos verlos cuando esta ave enseña su plumaje con toda solemnidad.

Piensa :

☞   ¿Es bueno o malo engañar?

☞   ¿Es bueno o malo ser engañado?

Apolo y Dafné

Eros, el antiguo dios del amor, cambió de forma entre los Olímpicos. Se convirtió en un niño rollizo y juguetón llamado Cupido. Su juguete favorito era un pequeño arco, con el que lanzaba en todas direcciones dos tipos diferentes de dardos: los de oro y los de plomo. Cuando un dardo de oro alcanzaba a cualquier criatura viviente, encendía en ella la pasión del amor. Por el contrario, si se trataba de un dardo de plomo, un sentimiento de desprecio inundaba a la víctima.

En una ocasión Apolo, el joven dios de la luz, de la medicina y de las artes, encontró a Cupido jugando en el campo.

—Regresa al Olimpo, niño —le dijo— y deja de molestar a los demás con tus caprichos. Mira esto —continuó mientras mostraba su arco y sus flechas de plata—. Estas son verdaderas armas, y no tus juguetes... Vamos, regresa al Olimpo.

Cupido agachó la cabeza y se alejó de ahí en silencio, pero no porque estuviera apenado por el regaño, sino que iba ideando la manera de dar una lección al engreído Apolo. Pronto supo qué hacer.

Regresó hasta donde se encontraba Apolo y, sin que éste lo viera, clavó en su corazón un dardo de oro. Luego echo a volar por el campo hasta que se topó con una bella jovencita recostada despreocupadamente sobre la hierba. De nuevo sin ser visto, atravesó el corazón de la muchacha con un dardo, pero esta vez de plomo.

Después se instaló cómodamente entre las ramas de un árbol para esperar a ver el resultado de su travesura. Un poco más tarde pasó Apolo caminando por ahí y en cuanto vio a la muchacha quedó profundamente enamorado de ella. Por su parte Dafné, que así se llamaba la chica, sintió una repulsión inexplicable hacia aquel apuesto joven.

****

Apolo la saludó, pero ella no le hizo caso.

El joven dios trató y trató por todos los medios de llamar la atención de su amada, pero no logró hacerlo. Cuando no vio otra alternativa, concluyó: "Si no quieres mi amor por las buenas, entonces lo tendrás a la fuerza" y se lanzó sobre ella. Dafné salió corriendo y Apolo detrás.

Corrió y corrió aterrorizada, pero nunca pudo alejarse lo suficiente de su perseguidor, quien lleno de amor la seguía. Por fin, cuando Dafné sintió que las fuerzas se le estaban acabando, imploró a los dioses que la libraran de aquel indeseable pretendiente. Para ella resultaba preferible cualquier cosa antes de corresponder a ese amor. Justo cuando Dafné terminó su plegaria los brazos de Apolo la capturaron.

Pero ya no era la misma: los dioses habían decidido socorrerla.

El cuerpo se le endureció; sus pies se hundieron en la tierra y comenzaron a echar raíces. Apolo adivinó lo que sucedía, pero por más que intentó nada logró hacer para impedirlo. Dafné extendió hacia el cielo los brazos, que ya se habían convertido en ramas. Rápidamente el cuerpo de la muchacha comenzó a cubrirse de corteza, y las ramas y el follaje se multiplicaron.

Por último, Apolo intentó cuando menos besar una sola vez los labios de su amada. Apartó el espeso follaje que cubría ya el rostro de Dafné, pero justamente en el momento en que la iba a besar, la corteza cubrió por completo el rostro de la joven.

Fue de esta manera como Apolo quedó eternamente enamorado de Dafné, quien se convirtió en árbol, dando origen a una nueva especie.

En lengua griega "Dafné" significa "laurel" ¿Conoces los árboles de Laurel?, pues ahora ya sabes su historia... Y pensar que todo esto sucedió por la travesura de un niño...

****

Piensa :

☞ ¿Por qué crees que en la imaginación de los antiguos griegos Eros haya tomado la forma de Cupido, un travieso niño?

Heliotropo

Helios, el dios del sol, diariamente atravesaba la bóveda celeste en su carro de fuego. Cuatro poderosos caballos tiraban de este carro, que por la mañana salía del Oriente y durante el crepúsculo se sumergía en el Occidente. Helios resplandecía de tal manera que con la luz y el calor que emanaban de él y de su carro diseminaba la vida por todas partes.

En un reino de Grecia vivía Clitia, una muchacha que estaba enamorada de Helios. A lo largo del día continuamente volteaba la vista al cielo para mirar a aquel destellante dios. Él de vez en cuando la miraba sonriendo. Desde las alturas del cielo Helios era capaz de ver todo lo que sucedía entre mortales e inmortales. De no ser porque tanta luminosidad le lastimaba la vista, Clitia hubiera sido feliz sentada sobre la hierba, mirando siempre a su amado.

****

Pero sucedió que un día Helios volteó la vista hacia el país donde vivía Clitia y vio a la muchacha más hermosa que hubiera visto jamás. Se trataba de la princesa Leucotea, de quien quedó profundamente enamorado.

Pasó el tiempo hasta que una tarde Helios ya no pudo más. En cuanto terminó el diario recorrido, entregó el carruaje a sus sirvientes y fue a buscar a Leucotea. Entró al palacio real disfrazado con la figura de la reina. Llamó aparte a la princesa, y cuando los dos se encontraron a solas recobró su forma real. Leucotea se enamoró de él en cuanto lo vio.

De esta manera, Helios comenzó a visitar noche tras noche a Leucotea. Pero en una ocasión Clitia pasaba cerca del palacio cuando llamó su atención el resplandor que salía por una de las ventanas. "Parece el brillo de mi querido Helios", se dijo. Corrió a asomarse y vio a los enamorados cuando se besaban.

Clitia, celosa, buscó la manera de separarlos. Por fin, una mañana pidió audiencia con el rey. Le contó lo que había visto, más unas cuantas mentiras, para provocar su ira.

El rey mandó llamar a Leucotea y le preguntó si en verdad Helios la visitaba por las noches. Ella no sabía mentir, así que respondió afirmativamente. Fue tanta la indignación del rey ante esta respuesta, que sin pensarlo más mandó ejecutar a la princesa. La misma Clitia se horrorizó ante semejante decisión.

Era mediodía cuando los sirvientes del palacio cavaron una fosa en un lugar escondido del bosque. Ahí enterraron viva a la pobre Leucotea. Helios vio todo desde el cielo, pero no pudo hacer nada para impedirlo.

Cuando cayó la noche, el dios se apresuró a ir en ayuda de su amada. De un solo soplido esparció toda la tierra que la cubría, pero ella ya estaba muerta.

Durante toda la noche Helios lloró, con el cuerpo de Leucotea entre sus brazos. Cuando llegó la mañana y tuvo que abandonarla, la transformó en una vara de incienso. Encendió la vara con uno de sus dedos incandescentes, para que, en forma de perfume, se fundiera con el aire.

Clitia, por su parte, se vio atormentada cruelmente por las Erinias. Enloqueció de arrepentimiento y de amor. Por más que intentó llamar a gritos la atención de Helios, él nunca volvió a voltear para mirarla.

Finalmente quedó sentada en la hierba ya sin voz y sin lágrimas, de tanto llorar. No hacía nada más que seguir con la vista a Helios durante todo su recorrido, sin importarle el daño que sus ojos pudieran sufrir.

Los dioses se apiadaron de ella y la transformaron en planta. El rostro se le convirtió en una hermosa flor amarilla que sigue al sol a lo largo de todo su recorrido. Los griegos llamaron a esa planta Heliotropo, que significa "la que sigue a Helios". Nosotros la conocemos con el nombre de Girasol.

Piensa:

☞ ¿Alguna vez has estado celoso?

☞ ¿Cómo son los celos?

Dionisos y la vid

Dionisos era el dios del vino y de la alegría de vivir. Era uno de los más jóvenes entre los Olímpicos. Como nadie lo conocía, él mismo tuvo que recorrer toda Grecia para enseñar la manera como la gente debía adorarlo. De los ritos que él enseñó nació el teatro.

En una ocasión, cuando todavía era niño, Dionisos encontró en el campo una pequeña plantita, se trataba de la vid. Le gustó tanto que decidió llevársela a casa. Para poder transportarla tomó un hueso de pájaro, que fue el primer objeto que encontró. Sacó la pulpa del hueso y en su lugar colocó un poco de tierra, en la que hundió las raíces de la plantita.

Siguió caminando, pero pronto la planta creció, y las raíces ya no cupieron en el hueso de pájaro. Entonces, Dionisos la trasplantó a

un hueso más grande, en este caso el de un león.

Más adelante, como la vid seguía creciendo se hizo necesario un hueso mayor, que fue el de un burro. Cuando por fin Dionisos llegó a su casa, plantó la vid en la tierra. Con el tiempo, de ella nació la uva, y del jugo de ésta se produjo el vino.

El vino heredó algo de los diferentes recipientes en los que Dionisos transportó la vid. Por eso, cuando los hombres lo beben al principio se vuelven parlanchines y cantadores, como los pájaros. Si beben más, entonces se transforman en fieros leones, dispuestos a realizar cualquier proeza. Pero si continúan bebiendo y bebiendo, se hacen torpes y necios como los burros.

Piensa:

☞ ¿Es bueno o malo beber vino?

☞ ¿Por qué crees que los antiguos griegos imaginaron un dios especial para esta bebida?

Prometeo

Cuando los hombres comenzaron a poblar la tierra, su forma de vida era muy rudimentaria, parecida a la de los animales. Tenían en su mente la semilla divina, es decir que poseían razón e inteligencia, pero sin un maestro que la cultivara de nada les serviría.

Afortunadamente existía un inmortal que guardaba una gran simpatía hacia ellos. Era Prometeo, el hijo del titán Jápeto. Prometeo bajó a la tierra y se dedicó a instruir a los hombres. Les dio leyes, les enseñó a fabricar sencillas herramientas, a comprender el curso de las estaciones y a guiarse por los astros.

Después de estas primeras lecciones comenzó a hablarles acerca de los dioses. Les explicó la conveniencia de tener una buena relación con ellos y de mantenerlos contentos;

en correspondencia, los dioses se comportarían benévolos y permitirían a los hombres adquirir un mayor poder sobre la naturaleza. De seguro con el tiempo les otorgarían incluso el dominio del fuego.

Los hombres comprendieron y se mostraron dispuestos a realizar los ritos que Prometeo les enseñara. Entonces él subió al Olimpo.

—Los humanos quieren honrarte, Zeus —dijo al Padre de los Dioses—, así como a todos los Olímpicos.

—Eso está muy bien, Prometeo. Pero ¿cómo es que piensan hacerlo?

—Para eso vengo a verte, señor, para que me indiques tú la manera en que deben realizar sus sacrificios.

Después de meditarlo, Zeus afirmó con su voz poderosa:

—Si los hombres quieren mantener buenas relaciones con los dioses, entonces deberán sacrificar una parte del alimento que más aprecian.

****

—Muy bien, señor —continuó Prometeo—, si quieres ven mañana a la tierra. Yo sacrificaré un toro y tú mismo escogerás la parte que ha de corresponder a los dioses.

—Así haremos —aceptó Zeus.

Como lo había dicho, Prometeo sacrificó un toro. Con la piel del animal formó dos grandes bolsas. En una metió toda la carne, sobre la que puso el estómago y las demás vísceras. En la otra colocó todos los huesos, ocultos bajo una gruesa y suculenta capa de grasa.

Zeus cayó fácilmente en la trampa. Sin meditarlo, eligió la bolsa que contenía los huesos y la grasa. Desde entonces, en sus ritos los griegos quemarían siempre la grasa. y los huesos de los animales, como ofrenda para los dioses, mientras dedicaban la carne para el consumo humano.

Prometeo no pudo contener la risa ante el triunfo de su artimaña. Zeus, muy disgustado, sentenció:

—Me has engañado, Prometeo. Ahora la mejor parte del alimento corresponderá a los hombres, lo acepto... Pero tendrán que comer carne cruda. ¡Nunca permitiré que conozcan el fuego!

En el acto Prometeo dejó de reír. Por su parte, Zeus se alejó de ahí cargando su costal y lanzando al aire sonoras carcajadas.

Sin el dominio del fuego los hombres no evolucionarían jamás, aunque supieran ya de la existencia de los dioses, su intelecto permanecería oscuro, siempre temeroso... Luego de algún tiempo de buscar una solución, Prometeo decidió actuar.

Subió hasta la cima del Olimpo sin que nadie lo viera. Encendió una antorcha en el fuego divino del carro de Helios y bajó a la tierra para entregarla a los hombres. En cuanto Zeus se enteró de esto, mandó capturar a Prometeo.

Como castigo por haber robado el fuego del Olimpo, Zeus ordenó que Prometeo fuera encadenado en un peñasco altísimo. Ahí, desnudo e inmóvil, sería torturado por los rayos del sol, por la lluvia, el viento y la nieve. Además,

****

un águila monstruosa llegaría hasta él cada mañana para devorarle las entrañas. Por la noche éstas volverían a nacer y al día siguiente serían devoradas de nuevo. Como Prometeo era inmortal, el castigo sería eterno.

Piensa:

☞ ¿Qué importancia tuvo para los hombres la desobediencia de Prometeo?

☞ ¿Qué es más importante, la obediencia o la desobediencia?

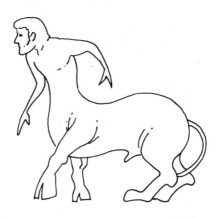

LA NATURALEZA FANTÁSTICA

****

Los campos y los bosques

Entre una ciudad y otra de la antigua Grecia se extendían llanuras y bosques. En ellos habitaban muchos animales, como lobos, ardillas, venados, osos y conejos, pero también habitaban seres fantásticos.

Las ninfas eran los más hermosos de estos seres. Eran jovencitas en las que se encarnaba el espíritu de la naturaleza, de los ríos, de las fuentes, de los bosques, de ciertos árboles y de ciertas plantas. Pasaban el día retozando, felices de vivir. Entonaban canciones y corrían de una parte a otra.

Los sátiros eran criaturas fabulosas que se comportaban de una manera similar, aunque su aspecto era más bien repulsivo. De talla pequeña, tenían figura humana hasta la cintura, y la cadera y las patas de chivo, además de una cola muy tupida, semejante a la de los caballos. Tenían las orejas puntiagudas, vello por todo el cuerpo y un par de cuernecillos en la frente.

Entre los sátiros sobresalía el dios Pan, hijo de Hermes. Pan gustaba de esconderse en grutas y cavernas, o simplemente detrás de las rocas, y de pronto, cuando nadie lo esperaba, aparecía saltando y gritando de tal manera que desataba el terror entre las bestias y los hombres. Este terror desde entonces se conoce como terror pánico.

Cada río tenía su propio dios, que se paseaba majestuosamente sobre la tierra. Y también algunos Olímpicos recorrían continuamente los bosques, como Artemis, la diosa de la naturaleza y de la cacería, o como Dionisos, que siempre andaba de fiesta, junto con un gran grupo de ninfas y sátiros. De esta manera, para los antiguos griegos, internarse en el bosque significaba entrar en un lugar mágico, donde cualquier cosa podía suceder.

****

En una ocasión, por ejemplo, ocurrió que una muchacha llamada Dríope fue al bosque para ofrecer un sacrificio a las ninfas. Llegó hasta un claro cercano a un manantial, arrancó un puñado de flores para adornar el sacrificio, pero vio que de los tallos rotos brotaba sangre, como de un animal herido. Se asustó mucho y quiso huir, pero de pronto sintió cómo su cuerpo comenzaba a cambiar.

Ante su horror se convirtió en el mismo tipo de planta del que había arrancado las flores.

Aquella planta que Dríope mutiló era una ninfa transfigurada. Cuando la muchacha arrancó las flores, la ninfa había pedido justicia a la diosa Artemis, y ella decidió, como castigo, transfigurar a la desafortunada Dríope.

Piensa :

☞ ¿En verdad crees que los bosque sean lugares mágicos?

☞ ¿Por qué?

La ninfa Eco

En una ocasión Zeus quiso bajar a la tierra sin que Hera, su esposa, se enterara. Llamó a la ninfa Eco, que pasaba por ahí. Le dijo:

—Distrae la atención de Hera para que yo pueda salir libremente del Olimpo. Si cumples bien tu misión te recompensaré.

—Mi recompensa será servirte —respondió Eco, y de inmediato se dirigió hacia donde se encontraba Hera.

Eco tenía fama de relatar de una manera fantástica todo tipo de historias. Cuando llegó junto a Hera le preguntó:

—Majestad, ¿por qué la veo tan enojada?

—No estoy enojada —respondió de mala gana la diosa.

—Sí, majestad —insistió Eco—, sí está usted enojada... Pero no hay problema: yo sabré entretenerla.

****

Y sin más, Eco se puso a relatar las historias que tanta fama le habían dado. Pronto logró adueñarse de la atención de Hera. Zeus aprovechó el descuido de su esposa y salió del Olimpo sin ser visto.

Hera se dejó arrullar por la voz melodiosa de Eco. Se sentía como dentro de un sueño, feliz y tranquila. Por su parte, Eco después de un tiempo comenzó a preocuparse: Zeus no volvía, y el encanto sobre Hera ya no podría durar mucho tiempo.

Por fin, Hera volvió en sí. Al principio no supo bien a bien dónde se encontraba.

—¿Qué me hiciste? —preguntó a la asustada Eco.

—¡Nada, su majestad... Nada...!

—¿Dónde está mi esposo? ¿Cuánto tiempo he permanecido dormida?

—¡No lo sé, majestad! —aseguró la ninfa a punto de romper a llorar— ¡No lo sé...!

Hera buscó a Zeus por toda la morada de los dioses; como no lo halló, regresó con Eco y le dijo:

****

—Tú le ayudaste a salir de aquí ¿verdad? Yo confié en ti y tú me engañaste...

—¡No, majestad... No!

—Pero tu atrevimiento te va a costar caro...

—¡No, majestad! —suplicaba Eco, llorando y cubriéndose el rostro con las manos— ¡No... Por favor...!

—¡Cállate! —gritó la diosa. En ese momento todo el Cosmos guardó silencio. En todo el universo no se escuchó siquiera la respiración de un ratoncito.

—Ya que tanto te gusta hablar, Eco —dijo Hera—, te condeno a que nunca más puedas hacerlo. Si alguna palabra sale de tu boca, será solamente para repetir lo que digan los demás.

Eco quiso pedir clemencia, pero sólo pudo repetir las últimas palabras de Hera: "lo que digan los demás... los demás... los demás...". Al mirar la cara de angustia que puso la ninfa, Hera se echó a reír. Eco, por su parte, comenzó a repetir aquella risa, aunque en el fondo lloraba amargamente.

****

Eco se alejó del Olimpo y se fue al bosque. Se habituó a vivir en cuevas y peñascos, desde donde repetía las voces de otros seres que llegaban hasta ella. Desde entonces Eco repitió las voces de los demás, pero sus sentimientos reales quedaron sin ser dichos, enterrados para siempre en lo más profundo de su corazón.

Piensa :

☞ ¿Qué es la soledad?

☞ ¿Te agrada o no la soledad?

****

Los Centauros

Los Centauros tenían la parte superior del cuerpo de forma humana, pero de la cintura hacia abajo eran como los caballos.

La de los Centauros era una raza salvaje que despreciaba a la de los hombres. Vivían en manadas. Corrían libremente en las praderas y acechaban a sus víctimas en la oscuridad de los bosques. Eran muy agresivos y se alimentaban únicamente con carne cruda.

Pero existieron dos Centauros diferentes: Quirón y Folo. Quirón fue el único Centauro inmortal. Amaba a los humanos y tenía grandes conocimientos de medicina. Folo, por su parte, no era ni inmortal ni médico, pero también apreciaba el trato con los hombres.

En una ocasión, Folo extrajo una flecha del cuerpo de un Centauro herido. Se quedó mirando la flecha muy pensativamente. "¿Cómo

****

puede ser que algo tan pequeño —se preguntó— sea capaz de provocar la muerte?" En un descuido la flecha resbaló de su mano y se le fue a clavar en una pata. La flecha le produjo una herida que al poco tiempo le provocó la muerte.

El trato entre los humanos y los Centauros fue siempre difícil, porque los humanos amaban la civilización, mientras los Centauros la despreciaban.

Piensa :

☞ ¿Qué cosa es un salvaje?

☞ ¿Qué cosa es la civilización?

****

Selene y Endimión

Endimión era un joven pastor particularmente hermoso. No gustaba de la compañía de los humanos y era feliz recorriendo los campos al cuidado de su rebaño de ovejas. No le importaba nada de lo que era tan apreciado por los demás hombres. No le importaban ni la riqueza ni los honores, ni las aventuras ni el amor de las mujeres. Él era feliz con su vida de pastor alejado de la gente.

Aprovechaba los largos recorridos que hacía con su rebaño para dormir al aire libre. Ahí, con la cabeza recargada en un tronco o en una piedra, tenía sueños maravillosos. Soñaba con lugares más encantadores que el propio Olimpo, donde él a veces era una mariposa, otras un cocodrilo, o un río o una nube o un árbol anciano o una ola del mar. Cuando sus sueños terminaban, volvía alegre a la rutina del trabajo... Así era su vida: feliz en la vigilia y mucho más feliz en el sueño.

Una noche Endimión se encontraba dormido en el campo cuando Selene, la diosa de la luna, lo vio y se enamoró de su belleza. Inmediatamente bajó del cielo para poder verlo mejor. Tal fue el encanto que le produjo el pastor que ahí pasó toda la noche, sentada a su lado, contemplándolo.

Cuando llegó la mañana Selene dio un beso de despedida en los labios de Endimión. Él de inmediato despertó y abrió los ojos, pero no pudo ver a nadie.

Desde entonces Selene visitó a Endimión noche tras noche mientras dormía. Permanecía sentada a su lado contemplándolo enamorada, hasta que, luego de algún tiempo, no pudo soportar más y lo despertó. Así dio inicio una relación amorosa que, como todas, atravesó por buenos y malos tiempos. A veces Selene y Endimión discutían y peleaban, a veces la pasaban muy bien, pero nunca fueron tan felices como durante la primera etapa de su amor, cuando él soñaba y ella lo contemplaba durmiendo.

Después de algunos años viviendo de esta manera, Selene decidió hacer un regalo a Endimión.

—Pide lo que quieras a Zeus —le dijo—. El te lo concederá.

Endimión no lo pensó dos veces. Decididamente pidió al padre de los Dioses que le concediera el don del sueño eterno. Quería dormir para siempre y por siempre tener los sueños de los que tanto disfrutaba,

Zeus accedió, y Endimión lentamente quedó dormido. Desde entonces permaneció acostado en el interior de una gruta hasta donde lo llevó Selene. Ahí, noche tras noche, ella iba a visitarlo. Se sentaba sobre la hierba y en tanto llegaba la aurora permanecía contemplándolo enamorada.

De esta manera, y para siempre, volvieron a ser tan felices como en los primeros tiempos de su amor.

****

Piensa :

☞ ¿Qué son los sueños? ¿Prefieres soñar o estar despierto?

☞ ¿Cómo sabes que estás soñando?

☞ ¿Cómo sabes que estás despierto?

****

Las criaturas del mar

El océano para los griegos, al igual que la tierra, estaba poblado por un gran número de criaturas fantásticas. Las más hermosas de ellas eran las Nereidas, las ninfas del mar. La parte superior de su cuerpo era humana y la inferior de pez. Las Nereidas vivían en un palacio submarino hecho de oro puro. Hacían largos paseos por el fondo del mar y gustaban de salir a la superficie. Se mecían plácidamente sobre las olas, mientras el viento jugaba con su cabello. Entonaban canciones mientras un cortejo de delfines y tritones saltaba a su alrededor.

Los Tritones eran jóvenes parecidos a las Nereidas. Mitad humanos, mitad peces. Poseían grandes caracoles marinos de formas y colores muy variados. Con ellos producían notas musicales de una extraña y embrujadora

belleza. Los cantos de las Nereidas se fundían con la música de los Tritones, y ambos con la brisa y el agua del mar.

Esto sucedía en la superficie, pero en las más oscuras y frías profundidades vivía una infinidad de monstruos, serpientes, pulpos gigantes y ballenas. De vez en cuando estas terribles criaturas emergían para propagar el terror sobre la tierra.

Cuando los Olímpicos llegaron a gobernar el Cosmos, Poseidón fue declarado dios supremo de todo el reino marino. Él era un adulto en la plenitud de su fuerza y su poder. Poseía como atributo un tridente de oro, con el que era capaz de provocar terremotos y grandes marejadas, así como de hacer brotar fuentes de agua dulce en la tierra más árida.

Para transportarse de un lado a otro, Poseidón utilizaba un carro de oro. Cuatro poderosos caballos terrestres tiraban de él. Estos caballos eran capaces de cabalgar sobre las olas, así como de sumergirse hasta las mayores profundidades.,

****

Un cortejo de Nereidas y Tritones acompañaba siempre a Poseidón en sus recorridos. Ellas entonaban dulces cantos y ellos tocaban sus caracoles. De un lado a otro saltaban los delfines, así como los hipocampos del tamaño de un ser humano.

Proteo, por otra parte, era un personaje marino muy especial. Él era el encargado de cuidar las pertenencias de Poseidón. Tenía la facultad de cambiar de forma a voluntad. Podía de un momento a otro convertirse en un pececillo, luego en un árbol enorme o en una liebre; después podía volverse piedra o nube o una lengua de fuego. Utilizaba este don para cumplir su cometido.

Las criaturas marinas tenían buenas relaciones con las terrestres y con los seres humanos. Solamente los monstruos eran sanguinarios. Para los griegos el mar era muy importante, y por lo tanto estas criaturas, porque su país no sólo tenía grandes extensiones de tierra firme, sino también muchas islas.

****

Piensa :

Por sí mismo el mar es algo maravilloso, pero la imaginación humana, con sus creaciones, lo puede convertir en un reino mágico.

☞   ¿Es tu imaginación capaz de hacer algo parecido?

****

Las Sirenas

Una mañana, cuatro ninfas retozaban en el campo junto con Perséfone, la joven diosa de la primavera. Todas se hallaban muy felices y despreocupadas cuando repentinamente comenzó a temblar y se abrió una grieta en la tierra. De la grieta salió Hades, el dios del Mundo de los Muertos, y sujetó violentamente a Perséfone. Las ninfas comenzaron a gritar muy asustadas, sin comprender lo que sucedía. Hades sujetó a la joven diosa y volvió a hundirse en la tierra. Después la grieta se cerró.

Deméter, la madre de Perséfone, había escuchado el griterío. Fue corriendo hasta donde se encontraban las ninfas y les preguntó qué le había sucedido a su hija. No supieron contestarle, y entonces la diosa, muy disgustada, les ordenó:

****

—¡Vayan, vuelen por el mundo en busca de Perséfone!

En ese momento las ninfas se transfiguraron. El cuerpo se les hizo parecido al de las cigüeñas, pero de color azafrán. La cabeza y el rostro siguieron siendo humanos.

—¡Vayan! —volvió a ordenar Deméter—, y ellas echaron a volar, gritando el nombre de Perséfone... Perséfone... Perséfone...

Sus voces ahora eran potentes y melodiosas. Cuando pasaban volando y llamando a Perséfone parecían una bandada de ángeles entonando una hermosísima canción. Pronto se les conoció con el nombre de Sirenas.

En una ocasión, después de que la propia Deméter había encontrado ya a su hija, pasaron volando cerca de la fuente de Hiprocrene. Bajaron hasta donde se encontraban las Musas y las retaron a un duelo de canto.

—Quienes resulten vencedoras —propusieron las Sirenas— serán proclamadas Cantoras Divinas.

—Bien —respondieron las Musas—, pero las

****

derrotadas quedarán a merced de sus riva-
les.

Eolo, dios de los vientos, dejó de soplar para
poder escuchar aquellos cantos. El mar dejó
de moverse. Incluso Helios detuvo la marcha
de su carruaje para no perderse el evento.

El canto de las Sirenas fue en realidad
hermoso, pero se trataba de simples criaturas mortales. El canto de las Musas era
divino, y fácilmente superó al de sus sober-
bias contrincantes.

Cuando terminó el certamen y toda la naturaleza retornó a su movimiento habitual, las
Musas rodearon a las asustadas Sirenas. Se
mofaron de ellas y cruelmente les arrancaron
todas las plumas. Luego les ordenaron mar-
charse y jamás volver.

Aquel plumaje nunca renació, así que las Sirenas ya no volaron más. El carácter se les
amargó, a tal extremo que llegaron a odiar a
todas las criaturas vivientes. Se fueron a vivir
en una isla deshabitada y comenzaron a alimentarse exclusivamente de carne humana.

****

Todas las mañanas iban a sentarse en una punta pedregosa de la isla. Ahí comenzaban a cantar. Los marineros que pasaban cerca se sentían irresistiblemente atraídos. Pero cuando se acercaban a la isla sus naves chocaban contra las rocas, y las sirenas se apresuraban a capturarlos. Por más que los marineros luchaban, la fuerza y el odio de las Sirenas los vencían. Finalmente eran devorados.

Con el tiempo, los huesos de las víctimas formaron un gran montón, y sobre él las Sirenas iban a sentarse sonrientes para entonar sus dulces cantos.

****

Piensa :

☞ ¿A qué crees que se refiera la gente cuando habla del "Canto de las Sirenas"?

LOS HEROES

Heracles
y las manzanas de oro

Heracles, hijo de Zeus y de la mortal Alcmena, era ya todo un hombre cuando la diosa Hera le ordenó ponerse a la orden del rey de la ciudad de Corinto. Este rey impuso al héroe varios trabajos para que demostrara su fuerza y su valor. El último de ellos fue viajar hasta el Jardín de las Hespérides y apoderarse de tres frutos del manzano de oro que ahí crecía, propiedad de Hera.

—Trae hasta aquí las manzanas —dijo el rey, sentado en su trono— y podrás dejar de servirme. Te concederé la libertad.

Heracles partió muy decidido pero sin rumbo fijo, pues no sabía dónde se encontraba el Jardín al que se le había mandado. Así llegó, luego de un tiempo, hasta un gran río. En la ribera, un grupo de ninfas jugueteaban despreocupadas. Se acercó en busca de información, pero ellas no pudieron darle respuesta.

—Ve con nuestro padre— propusieron—. Él sabe muchas cosas. De seguro te podrá ayudar.

—Y ¿dónde puedo encontrarlo? —preguntó el héroe.

—Él es el dios de este río —respondieron—, y vive en su fondo. Es muy difícil encontrarlo. Tiene el don de la transfiguración y no le gusta el contacto con los humanos.

Heracles se quedó muy pensativo.

—Podrían ayudarme a dar con él —propuso finalmente.

—¡Seguro! —contestaron sonriendo. Al momento abandonaron sus juegos para lanzarse al agua— ¡Ven con nosotras!

Heracles las siguió nadando hasta una caverna subacuática donde se encontraba dormido el dios padre de las ninfas. Se apresuró a sujetarlo fuertemente para que no fuera a escapársele. El dios despertó sobresaltado.

Igual que Proteo, este dios podía cambiar libremente de forma. Primero se convirtió en

****

un león furioso, pero Heracles no sintió miedo ni aflojó el abrazo. El dios volvió a transfigurarse, ahora en una serpiente, pero Heracles no lo soltó. El dios se transformó en ratón y ni aún así pudo huir de aquellos potentes brazos. Intentó varias transfiguraciones más, pero sólo logró cansarse. Por fin, dejó de forcejear y accedió a responder a cualquier pregunta que se le formulara.

—El Jardín de las Hespérides —dijo, luego de haber escuchado al héroe—, se encuentra en el fin del mundo. Muy cerca del lugar donde tarde tras tarde llegan agotados los caballos del carro del sol. Muy cerca del lugar donde el gigante Atlas, por castigo de Zeus, carga sobre sus hombros la columna principal de la bóveda celeste.

Heracles agradeció la información, liberó al dios y partió en el acto.

Ya avanzado en su viaje, cuando atravesaba una alta montaña, divisó a lo lejos a un hombre encadenado a un peñasco. Se trataba de Prometeo, a quien en ese momento el águila

****

monstruosa devoraba las entrañas. Debes recordar que Prometeo se encontraba ahí por orden de Zeus.

Heracles se acercó, y cuando pudo ver claramente lo que sucedía sintió gran compasión hacia el torturado. De un certero flechazo mató al águila, y se apresuró a liberarlo. Aunque Zeus estaba observándolo todo, no se disgustó; al contrario, sintió un gran orgullo por la fuerza y la determinación mostradas por su hijo.

Ya que se encontró libre, Prometeo advirtió a Heracles que no podría él mismo cortar las manzanas del árbol de Hera.

—Tú eres mortal —le dijo— y ningún mortal puede cortar esas manzanas. ¡Pídele a mi hermano Atlas que las corte por ti! De seguro lo hará gustoso.

Se despidieron y Heracles continuó su camino. Cuando por fin llegó al Jardín de las Hespérides, quedó maravillado por la belleza del lugar. La vegetación se enroscaba caprichosamente por todas partes. El cielo era

****

profundamente azul. Había varios manantia-
les de donde brotaba un agua cristalina que al
saltar entre las piedras parecía que estaba
cantando. Los sátiros y las ninfas corre-
teaban por acá y por allá, y los animales más
pacíficos convivían armoniosamente con las
fieras.

En medio de todo aquello se erguía, majes-
tuoso, el manzano de oro. El buen estado de
este árbol era cuidado por las tres Hespérides,
ninfas hijas de Atlas, que daban su nombre al
jardín. Pero de que nadie se acercara para
querer robar los frutos estaba encargado un
horrible dragón de cien cabezas.

Heracles ni siquiera intentó acercarse al
árbol. Aunque hubiera matado al dragón, no
habría podido cortar las manzanas, y ése era
su verdadero objetivo, así que fue hasta donde
se encontraba el gigante Atlas sosteniendo
esforzadamente sobre sus hombros la columna principal en la que descansaba la bóveda
celeste.

—Corta para mí —le pidió— tres manzanas

del árbol de Hera. Soy sirviente del rey de Corinto y tengo que llevárselas para que me libere. Yo desencadené a tu hermano Prometeo y él me dijo que no te negarías a ayudarme.

—Lo haré, Heracles —respondió Atlas—. Te ayudaré, pero necesito que sostengas tú esta columna mientras tanto.

Heracles era tan fuerte que pudo soportar el peso del cielo sobre sus hombros... Atlas se acercó al árbol. El dragón iba a atacarlo pero las Hespérides se lo impidieron.

—¡Detente! —ordenaron—. Es nuestro padre.

El gigante tomó las manzanas y regresó con Heracles. Trató de aprovecharse de la situación: Le propuso ir él mismo a entregar las manzanas al rey de Corinto.

—Así yo descansaré por un tiempo —argumentó—, y tú te harás famoso como el hombre más fuerte que jamás haya existido.

Heracles cuidó mucho de no mostrarse alterado ante tal propuesta. Si comenzaba a discutir, Atlas podría libremente alejarse y no volver jamás. Él no podría soltar la columna, pues el cielo entero se vendría abajo... y lo peor de todo sería que nunca podría terminar con aquella prueba.

—Bien —respondió fingiendo—. Ve tú a entregarlas. Pero... por favor, sostén la columna sólo por un momento más. Permíteme conseguir un almohadón para ponerme en el cuello.

Atlas accedió. Dejó en el suelo las manzanas y volvió a colocar la columna sobre sus hombros. Rápidamente Heracles tomó las manzanas. Se despidió burlonamente del gigante e inició el camino de regreso hacia Corinto.

Aquellos frutos de oro no hubieran podido ser arrancados por manos humanas porque tenían el poder de dar la inmortalidad. Habiéndolas conseguido, Heracles no sólo logró su libertad y mostrar que era el más fuerte y el más valeroso de todos los hombres, sino que también dio el primer paso para convertirse él mismo en un dios.

****

Piensa :

Heracles poseía fuerza, valor, prudencia, astucia y además era hijo de un dios,

☞ ¿cuál de todas estas virtudes crees tú que haya sido la decisiva en la aventura que acabas de leer?

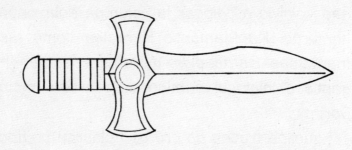

****

Perseo y Medusa

El rey de la isla de Sérifos ofrecía un banquete. Una buena cantidad de nobles y de guerreros se encontraban sentados a la mesa, disfrutando de los manjares y del vino. De pronto, un hermoso joven se puso de pie.

—Yo soy capaz —dijo con voz potente— de ir hasta el fin del mundo y matar a la gorgona Medusa.

Todos guardaron silencio, confundidos. Pero Polidectes, el rey, se puso también de pie.

—¡Vaya, Perseo, veo que te encuentras presente!... ¿En verdad serías capaz de hacer lo que dices?

—Por supuesto, Polidectes. Puedo hacer eso y más.

—Muy bien. Pues yo, tu rey, frente a toda esta gente te ordeno que vayas hasta el País de la Noche, donde nunca sale el sol, y mates

a Medusa. Debes traer hasta aquí su cabeza como prueba de tu hazaña. Si no lo haces así, nunca más podrás regresar a Sérifos junto con tu familia. Recuerda que las gorgonas son seres de la oscuridad y que muchos han muerto con sólo acercárseles.

Perseo era hijo de Zeus y de la mortal Dánae, de tal manera que por sus venas corría sangre divina. Aunque era muy joven tenía grandes deseos de aventura, de poder y de gloria.

—Si mi rey me lo ordena —finalizó Perseo—, entonces lo haré—. Y salió con paso rápido de la sala de banquetes. Todos los presentes comenzaron a murmurar.

A la mañana siguiente Perseo inició el viaje. Abordó su pequeño bote y se hizo a la mar. Cuando ya se había alejado lo suficiente de la playa como para que nadie lo viera, recibió la visita de Atenea y de Hermes.

—¡Hola, hijo de Zeus! —lo saludaron ambos dioses— Él permaneció mudo, sin poder dar crédito a lo que veía.

—Eres afortunado, Perseo —comenzó a hablar dulcemente Atenea—. Tienes el valor y la fuerza para lograr tu cometido. Además cuentas con la ayuda de los inmortales.

—Antes de llegar al fin del mundo —añadió Hermes, mientras el joven continuaba anonadado— visita a las Grayas. Sólo ellas podrán orientarte.

—Pero ten cuidado —continuó Afrodita con una sonrisa—, porque las Grayas comen carne humana.

Perseo seguía maravillado. Tartamudeaba un poco sin atinar qué decir...

—¡Adiós! —finalizaron Atenea y Hermes—. ¡Adiós, hijo de Zeus! Usa estos objetos. Los vas a necesitar.

Sobre la cubierta del bote los dioses habían dejado las sandalias aladas y el zurrón de Hermes, así como el casco de Hades, que vuelve invisible a su portador.

Como debes recordar, las Grayas eran tres ancianas ciegas que compartían un solo ojo. Aquella que terminaba de usarlo se lo desencajaba del rostro para entregárselo a la siguiente. El ojo estaba ya enrojecido e hinchado por el uso y apestaba un poco a putrefacción.

La que lo recibía se apresuraba a encajárselo en alguna de sus cuencas vacías. Este proceso era muy doloroso, pero solamente por medio de él era que las Grayas podían tener el don de la vista.

Perseo siguió las indicaciones de los dioses. Fue hasta la gruta donde vivían las Grayas, aprovechó uno de los momentos en que el ojo cambiaba de dueña y se apoderó de él. Las viejas se pusieron a manotear, ciegas y desesperadas, dando de gritos como cerdos.

—¡Silencio! —ordenó Perseo—. Díganme la verdad y les devolveré el ojo, si no, lo arrojaré al fondo del mar para que alguna bestia lo devore.

—¡No... no! —chillaron las Grayas a coro— ¡No hagas eso! Te diremos lo que sea, lo que sea... lo juramos por los dioses... Lo juramos...

—Bien, entonces díganme cómo puedo matar a la gorgona Medusa.

****

Las viejas se apresuraron a indicar a Perseo el camino correcto.

—Ten mucho cuidado —dijeron finalmente— cuídate de no mirar el rostro de ninguna de las gorgonas porque morirías. Mata a Medusa cuando esté dormida. Huye rápido y que los dioses te protejan.

Perseo les devolvió el ojo y emprendió el camino.

Las gorgonas eran monstruos terribles. Tenían el cuerpo parecido al de una mujer, pero una mujer horrible y contrahecha. De la espalda les nacía un par de alas enormes cubiertas con plumas de oro. En lugar de pies y manos, tenían potentes garras de metal, y en vez de cabellos, un sinfín de serpientes venenosas se retorcían sobre sus cabezas. Cualquier ser vivo que contemplara el rostro de alguna de las gorgonas, en el acto era convertido en piedra.

Perseo llegó hasta el lúgubre palacio donde habitaban estos mounstruos. Por todas partes había hombres y animales convertidos en piedra, como si fueran estatuas. Siguió cuidadosamente las instrucciones de las ancianas. Esperó hasta no escuchar ningún ruido y entonces, muy silenciosamente, se introdujo en el lugar. Para no mirar el rostro de ninguna de las gorgonas y quedar convertido en piedra, usó la parte posterior de su escudo como espejo, con cuyo reflejo se guió. Por fin, después de mucho buscar, llegó hasta la cámara donde se encontraba dormida Medusa.

Se le acercó sin hacer ruido. Era en verdad espantosa. Desenfundó cuidadosamente su espada y de un fortísimo golpe ¡zac!, le cortó la cabeza. Ya separada del cuerpo, ésta comenzó a gritar y a rugir terriblemente, hasta que se le terminó la voz. Las otras dos gorgonas despertaron y de inmediato echaron a volar en auxilio de su hermana, pero al llegar a su cámara encontraron solamente el cuerpo mutilado, sin que pudieran dar con un solo rastro del culpable.

Perseo, sin perder un segundo, había metido la cabeza de Medusa en el zurrón, se había

****

puesto el casco de Hades y había salido volando con las sandalias de Hermes.

Más tarde, cuando atravesara por el Jardín de las Hespérides de vuelta hacia su patria, Perseo, al mostrar al gigante Atlas la horrible cabeza, lo convertiría en una montaña de piedra sobre la que desde entonces descansaría la columna principal del cielo.

Cuando se sintió ya a salvo, hizo alto en la cima de una montaña. Se quitó el casco, sacó la cabeza de Medusa del zurrón de Hermes y se la mostró al mundo.

—¡Mira la luz —dijo—, monstruo de las tinieblas. Yo te he vencido!

Piensa :

☞ ¿En qué se basaba la fuerza de Medusa?

☞ ¿En qué se basaba la fuerza de Perseo?

****

La historia de Medusa

Medusa no siempre fue un monstruo. Originalmente había sido una hermosa doncella.

Una tarde se encontraba en el templo de la diosa Atenea, mirando su rostro reflejado en una pila de agua, cuando se dijo en baja voz:

—En verdad soy hermosa... Soy más hermosa incluso que la diosa a la que está consagrado este templo.

Fue tan grande aquella ofensa para Atenea que en ese preciso momento se presentó ante la muchacha. Ella, asustadísima, cayó al suelo.

—¿Qué te has atrevido a decir? —gritó la diosa— ¡Lárgate! ¡Ve con las gorgonas, que desde ahora serán las únicas en aceptarte!

Medusa no pudo siquiera pedir misericordia ni llorar; cuando intentó hacerlo, de su garganta solamente brotaron terribles rugidos. Se incorporó para mirarse en la pila. Pudo ver

cómo su rostro se hacía horrible. Rápidamente le crecieron las alas, y las manos y los pies se le desfiguraron.

Al escuchar el ruido, el guardián del templo corrió para ver lo que sucedía. El miedo que sintió al ver el monstruo en que se había convertido Medusa fue tan grande como el que ella sintió cuando lo vio transformarse en piedra.

Medusa salió volando rumbo al occidente, hacia el País de la Noche. Lloraba amargamente, dando monstruosos rugidos. Las gorgonas la recibieron como una hermana, pero ella nunca fue feliz. Añoraba su antigua belleza. Las Erinias la atormentaban por haber sido demasiado soberbia.

Cuando Perseo la mató, de su cuello brotó la sangre a borbotones. Pero junto con aquella sangre salió también del cuerpo de Medusa el hermosísimo caballo alado Pegaso.

Pegaso pudo mirar el rostro de las gorgonas sin convertirse en piedra. Salió volando hacia el Olimpo. Pasó por donde se encontraban las

Musas y bajó a retozar con ellas. Dio una patada en la tierra con uno de sus cascos y en ese lugar comenzó a brotar el agua. Fue así como nació la fuente Hipocrene. Como debes recordar Hipocrene es la fuente alrededor de la que cantan y bailan las Musas.

Pegaso fue uno de los seres más puros y bellos de todo el universo.

Piensa :

A veces lo más horrible y espantoso encierra la semilla de la belleza.

Teseo y el Minotauro

En la isla de Creta existía un edificio muy particular llamado Laberinto. Por fuera parecía un palacio como cualquier otro, pero por dentro, una gran cantidad de pasadizos se cruzaban entre sí hasta el infinito. Cualquier criatura que se internara un poco en alguno de estos pasadizos se perdía sin remedio para nunca encontrar la salida.

En el laberinto vivía el Minotauro, terrible monstruo que tenía cuerpo humano y cabeza de toro. Minos, el rey de la isla, había decidido mantenerlo vivo. Cada cierto tiempo hacía que un joven penetrara en el laberinto para que el monstruo lo devorara.

Los jóvenes que Minos sacrificaba de esta manera provenían de la lejana Atenas. Eran el tributo que esta ciudad debía pagar para que Creta no la atacara y la destruyera.

Después de que muchos jóvenes atenienses habían sido entregados al Minotauro, Teseo, el príncipe de Atenas, decidió entrar en acción. Se ofreció a sí mismo como voluntario para penetrar en el laberinto. Por más que sus súbditos le rogaron que desistiese, él continuó con su empresa. Una mañana partió junto con otros jóvenes hacia Creta en una nave que como señal de luto portaba velas negras.

Cuando Ariadna, la princesa de Creta, vio desembarcar a Teseo, pudo sentir cómo se clavaba en su corazón uno de los dardos de oro de Cupido. Por su parte, Teseo sintió lo mismo al mirarla.

Ariadna decidió ayudar a aquel muchacho a salir vivo del laberinto. Fue a visitar a Dédalo, el ingeniero que había construido el edificio, para que le dijera el modo de encontrar la salida. Este accedió a dar la información cuando vio que era el amor lo que animaba las preguntas de la princesa.

—Toma este carrete —dijo—. Que Teseo ate un extremo del hilo a la entrada del laberinto

y que lo deje correr conforme vaya caminando.
Cuando desee salir bastará con que vuelva a
enredarlo... ¿No es sencillo?

Ariadna reveló este secreto a Teseo con la
condición de que, si terminaba bien su aventura, se casara con ella y la llevara consigo a
Atenas. Él aceptó emocionado.

Teseo siguió cuidadosamente las instrucciones de Ariadna. Cuando se encontró frente
al monstruo se lanzó fieramente en su contra. Él era hijo de Poseidón, y aunque era
mortal, al igual que su madre, poseía valor y
fuerza sobrehumanos. La lucha fue terrible,
pero al final Teseo resultó victorioso. Cuando
se aseguró de que el Minotauro había queda-
do bien muerto, cogió el carrete, enredó de
nuevo el hilo en él y salió al aire libre.

Teseo apareció caminando frente al palacio
de Minos. Nadie podía creerlo. El rey ciertamen-
te se sintió ofendido, pues alguien había matado al monstruo que él deseaba mantener vivo.
Sin embargo liberó a Atenas del pago del tributo, así como de la amenaza de destrucción.

Esa misma noche Ariadna y Teseo se casaron, con lo que él pasó a ser heredero de los dos reinos, y por la mañana zarparon de regreso a Atenas.

Piensa:

A veces los problemas más difíciles tienen soluciones sencillas.

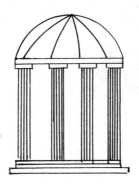

Belerofonte

Belerofonte era un joven muy astuto y muy valiente. Era hijo de Poseidón y de la mortal Eurinome. La gente lo respetaba, pero un día apareció como sospechoso de un delito. Aunque en realidad era inocente, no pudo comprobarlo y fue desterrado de su ciudad natal.

Durante algún tiempo vagó libremente por el campo, sin contacto alguno con otro ser humano. Las bestias salvajes, así como las ninfas y otras criaturas silvestres rechazaban su compañía, pues lo creían un delincuente. El único amigo que Belerofonte tuvo entonces fue Pegaso, el hermoso caballo hijo de Medusa. Se conocieron una noche, cuando Pegaso bajó a beber agua de una fuente inmaculada.

El joven y el caballo alado se hicieron amigos y pasaron ratos muy felices. Pero Belerofonte era hijo de un dios, y por lo tanto deseaba

****

tener aventuras y riquezas, deseaba ser admirado y no aborrecido por los demás hombres.

Al fin, se despidió de Pegaso y marchó rumbo a Tirinto. El rey de esa ciudad lo recibió amistosamente y realizó un rito para purificarlo de toda culpa. Belerofonte fue muy feliz de nuevo entre los humanos. Ellos pronto le tomaron estimación y respeto. Pero por desgracia la reina sintió envidia hacia él, hasta el extremo de desear su muerte.

—Deshazte de Belerofonte —le dijo al rey—. ¡Mátalo! No quiero que viva más en nuestra ciudad.

—Pero ¿por qué? —preguntó él, extrañado—, si no ha hecho nada malo.

—Él planea tu muerte —mintió ella— para apoderarse de mí y de tu reino.

La mentira surtió efecto, pero como el rey no quiso matar al joven y provocar con ello la ira de las Erinias, decidió tenderle una trampa. Lo mandó llamar para ordenarle que llevara una carta hasta una ciudad muy lejana. El

****

joven aceptó agradecido, pues interpretó aquella orden como una muestra de confianza.

La carta, que estaba dirigida al rey de la otra lejana ciudad, sólo decía: "Mata a mi portador". Belerofonte, sin sospechar nada, hizo el largo viaje en el lomo de su amigo Pegaso. Cabalgando por los aires realizó el trayecto en muy poco tiempo.

Cuando el rey a quien estaba dirigida la carta leyó el mensaje, se sorprendió mucho, pues Belerofonte le había parecido un buen muchacho. Meditó el caso y finalmente decidió darle una oportunidad.

—Ayúdame —le dijo— a terminar con la Quimera, un monstruo que está acabando con mi reino. Incendia los bosques, mata hombres y animales, termina las cosechas, seca los ríos... Ninguno de los guerreros que mandé a matarla ha regresado vivo.

"Lo más seguro —pensaba el rey— es que este joven también muera en el intento. Si es así, la orden de la carta será cumplida; si no,

****

mi reino será liberado de la Quimera: De cualquier modo saldré ganando". Belerofonte supo
que aquélla era su gran oportunidad. Se armó
solamente con un escudo y una lanza. Montó
en Pegaso y salió de la ciudad en busca del
monstruo. El cuerpo de la Quimera era parecido al de un enorme león, pero poseía varias
cabezas, entre ellas una de león y otra de
cabra. Estas cabezas lanzaban fuego por el
hocico y estaban unidas al cuerpo por un
largo y serpenteante cuello. Tenía poderosas
garras y en lugar de cola una feroz serpiente.

Con la ayuda de Pegaso, Belerofonte pronto
localizó a la Quimera. En el acto se lanzó al
ataque. Una y otra vez clavó la punta de su
lanza en el cuerpo del monstruo, pero éste no
parecía lastimado. Pegaso esquivaba ágilmen-
te las llamaradas y los zarpazos, pero no
podía acercarse lo suficiente como para que
la lanza de su amigo resultara mortal. Así, los
ataques fallaron en varias ocasiones.

Belerofonte regresó al palacio, consiguió un
buen trozo de plomo, fundió este metal en el

****

extremo de la lanza y de nuevo salió al encuentro de su enemigo.

Esta vez, cada que una cabeza lanzaba llamas, Belerofonte le ponía enfrente el trozo de plomo. Parte del metal se derretía sobre la cabeza, inutilizándola. Así, cabeza tras cabeza, el joven héroe logró dejar ciega a la Quimera, e incapaz de lanzar más fuego. Finalmente pudo acercársele y hundirle su lanza hasta el corazón.

De regreso al palacio, el rey no sólo dio una fiesta en honor del héroe, sino que le ofreció la mano de su bella hija, y con ella el derecho a heredar el reino. De esta manera, Belerofonte logró la fama y el poder que había soñado. Pegaso siguió siendo su amigo, y Poseidón, su padre, se sintió muy orgulloso de él.

Piensa :

Todos habían sido derrotados por el poder de la Quimera, pero Belerofonte utilizó ese poder en su propio provecho...

☞ ¿Alguna vez has hecho tú algo similar?

PERSONAJES FAMOSOS

****

El rey Midas

Midas era el rey de la ciudad de Bromio. Una mañana, en los jardines de su palacio, los guardias encontraron a un viejo sátiro dormido. Se trataba de Sileno, un gran amigo de Dionisos. Midas recibió muy contento a Sileno y le dio el mejor de los tratos. "Si me porto bien con él —pensó—, de seguro Dionisos me premiará". Algunos días después, Dionisos se presentó en el palacio para preguntar por su amigo, y en efecto, cuando vio lo bien que éste había sido tratado, ofreció:

—Pídeme lo que quieras, Midas, que yo te lo daré.

—¡Quiero ser rico! —propuso el rey ansioso—. ¡Quiero ser el hombre más rico del mundo! ¡Quiero que todo lo que toquen mis manos se convierta en oro!

****

—¿Estás seguro? —preguntó el dios con una sonrisa irónica.

—Sí, Dionisos, ¡por favor... concédeme lo que te pido!

—¡Concedido! —dijo Dionisos, al momento que desaparecía.

Midas puso a prueba su nuevo don. Cogió un trozo de tela. En el momento ésta se hizo de oro. Luego acarició a su perro, que se convirtió en una linda estatua dorada. Lo mismo sucedió con buena parte de los sirvientes, todo el mobiliario, los adornos y hasta el mismo palacio. Los árboles, las rocas y las bestias. Todo lo que apareció en el camino del rey fue tocado por su mano y convertido en oro.

Midas enloqueció de felicidad. Fue feliz, "feliz, feliz, feliz, feliz", como él mismo decía... hasta que llegó la hora de comer.

Se quedó con hambre porque todo lo que tocaba una parte de su cuerpo irremediablemente se convertía en oro. No pudo siquiera beber agua, porque siempre sucedía lo mismo.

****

Por fin, luego de algún tiempo, el hambre y la sed crecieron hasta hacerse insoportables. Midas, desesperado, se llevó las manos a la cabeza para tirarse de los cabellos. Pero entonces... ¡Su propia cabeza se convirtió en oro! Comenzó a llorar. Se tiró al suelo, pataleando como un niño en plena rabieta.

—¡Dionisos... Dionisos! —comenzó a gritar— ¡Ayúdame, Dionisos! ¡Quítame este don que tantos males me ha traído!

Dionisos apareció, muy divertido. Le ordenó que fuera hasta el río Pactolo y sumergiera la cabeza en su corriente. Sólo así se libraría de aquel don y todo volvería a ser como antes.

Midas siguió puntualmente las instrucciones. Cuando sacó la cabeza del agua ya ésta había regresado a la normalidad, así como todo aquello que hasta entonces había brindado tanta y tanta alegría al codicioso rey.

—¡Ah... qué alivio! —exclamó— Pero ahora ¿cómo haré para recobrar mis riquezas? ¡Porque no me voy a quedar así!

Desde entonces, el río Pactolo arrastra en

su corriente una fina arenilla de oro, como recuerdo de la locura de un mortal.

Piensa :

La riqueza no es un bien en sí misma, necesita de alguien que la disfrute.

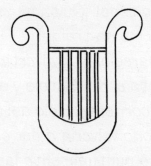

Orfeo

El canto de las Musas encerraba toda la belleza y toda la sabiduría del Universo, pero hubo un mortal que con su lira fue capaz de producir una música tan bella y tan poderosa como dicho canto. Ese mortal se llamaba Orfeo.

Las bestias más salvajes se apaciguaban al escuchar su lira. Los árboles y las rocas se movían como si estuvieran bailando, las olas del mar corrían en dirección contraria, e incluso el fuego formaba bellas y caprichosas figuras ante los mágicos acordes.

Orfeo se casó con la ninfa Eurídice, de quien estaba profundamente enamorado. Pero apenas habían pasado unas cuantas semanas del matrimonio cuando ella fue mordida por una serpiente y pronto murió, sin haber podido despedirse de su amado.

Orfeo entristeció profundamente. Abandonó todas sus pertenencias y se internó en el bosque con la sola compañía de su lira. Se pasaba el día y la noche enteros tocando. Los animales y las ninfas, los sátiros, los dioses de los ríos e incluso los centauros, comenzaban a llorar en cuanto aquellas tristísimas notas llegaban a sus oídos.

Así pasó algún tiempo. Orfeo estaba fuera de sí de tanta tristeza. Por fin, una noche le vino a la mente la idea de bajar hasta el Mundo de los Muertos, en busca de Eurídice. Tal vez ahí podría encontrarla, tal vez, incluso, podría lograr que Hades les permitiera regresar juntos a la tierra.

Sin más preparativos se encaminó hacia una gruta que tenía fama de conducir directamente al Mundo de los Muertos. Entró en ella. Ante la música de su lira, los senderos subterráneos parecieron iluminarse y volverse más amplios. No fue muy largo el camino hasta la orilla del río Aqueronte, que separa el mundo de los vivos del de los muertos.

En un punto de aquella ribera se localizaba un embarcadero; desde ahí las sombras de los muertos debían llamar a Caronte, el barquero, haciendo sonar un gran cuerno. Orfeo no lo hizo, en cambio siguió tocando y tocando su instrumento. Caronte respondió a tan irresistible llamado. Era un viejo decrépito y mal vestido que gobernaba una ruinosa embarcación.

El trabajo de Caronte consistía en transportar las sombras de los muertos de un extremo al otro del río; por ello exigía recibir una moneda como pago; sin embargo, aceptó llevar a Orfeo gratuitamente con tal de que éste no dejara de tocar durante el viaje.

Ya en la otra orilla, Orfeo dejó de tocar. Una multitud de sombras lo rodearon. Se encontraban muy excitadas, pues ningún ser vivo había penetrado nunca hasta aquellas profundidades.

Entre las sombras, Orfeo reconoció la figura de algunos reyes y héroes de los que había oído hablar, pero que habían muerto hacía mucho. Las sombras, por su parte, se arre-

molinaban a su alrededor haciéndole preguntas acerca de la tierra y pidiéndole algo de
sangre para alimentarse. Él se perdió entre
ellas en busca de su amada. Finalmente, la vio
a lo lejos; se encontraba llorando bajo el tronco retorcido de un árbol

Orfeo comenzó a tocar de nuevo. ¿Has visto
un remolino de aire? ¿Has visto cómo arrastra las hojas secas, cómo se las lleva consigo? Pues así las sombras de los muertos eran
arrastradas por aquella música.

Eurídice y Orfeo se presentaron frente al
trono de Hades. A un lado de éste se hallaba
sentada Perséfone, la joven diosa que hacía
tiempo él raptara y con la cual ahora estaba
casado. Ambos regían el Mundo de los Muertos. Orfeo suplicó que se le permitiera regresar junto con Eurídice a la tierra. Tocó la lira y
entonó cantos sentimentales. Los dioses se
conmovieron y finalmente otorgaron su con-
sentimiento.

—Regresen juntos hasta la luz del día —dijo
Hades—. Pero ten mucho cuidado, Orfeo, de no

mirar el rostro de tu esposa sino hasta que se encuentren de nuevo al aire libre. Si lo haces, la perderás para siempre.

Orfeo agradeció la bondad de los dioses, y desde ese momento evitó mirar a Eurídice. Inmediatamente los esposos iniciaron el ascenso hacia la tierra. Iban tomados de la mano; Orfeo caminaba delante y Eurídice lo seguía.

Cruzaron el Aqueronte en sentido opuesto al de todos los pasajeros de Caronte. Para iluminar el camino, él ahora portaba una antorcha encendida.

El trayecto fue difícil y agotador, pero finalmente vieron a lo lejos la luz del día. Se sintieron muy felices y apresuraron el paso. Cuando se encontraban a punto de salir a la superficie, Eurídice tropezó con una piedra y cayó al suelo. Orfeo volteó para ayudarle y accidentalmente la miró a los ojos. En ese momento ella se desvaneció para regresar al reino de Hades... Nunca más volvieron a encontrarse.

****

Piensa:

Una empresa no está terminada sino hasta que se ha llegado al final, si no, da igual e incluso puede ser peor que nunca haberla comenzado.

Sísifo

Una mañana, el rey Sísifo paseaba tranquilamente por la playa cuando escuchó a lo lejos el grito de una mujer. Miró en todas direcciones, hasta que pudo ver lo que sucedía: Zeus se desplazaba velozmente sobre las olas del mar, llevando entre sus brazos, bien sujeta, a una hermosa ninfa que manoteaba y pedía auxilio desesperadamente.

Poco tiempo después llegó hasta ahí Asopo, un dios río, y le preguntó si no sabía quién había raptado a su hija.

—Sí —respondió Sísifo—, sí lo sé y puedo ayudarte... Pero yo también necesito de tu ayuda.

Este rey era conocido como el hombre más astuto del mundo.

—¡Lo que quieras! —respondió nerviosamente Asopo—, pero pronto, ¡pronto, que debo salvar a mi hija!

****

Sísifo le pidió que hiciera brotar una fuente de agua dulce en plena plaza central de su ciudad, porque la gente perdía demasiado tiempo en acarrear agua desde el río. El dios lo concedió en el acto, y Sísifo delató a Zeus.

Asopo pudo salvar a su hija de manos de Zeus y éste decidió castigar al indiscreto mortal.

—Los asuntos de los dioses —afirmó con su voz de trueno— son de los dioses solamente. Ningún mortal debe entrometerse en ellos.

Zeus fue a visitar a Hades, su hermano, hasta el Mundo de los Muertos, y le ordenó terminar con la vida de Sísifo. Hades, por su parte, mandó a Tánatos, el genio de la muerte, para que cumpliera la orden.

Tánatos era un joven delgado, dueño de una extraña belleza, tenía la piel muy pálida y un par de alas enormes. Se presentó ante Sísifo y le dijo:

—He venido por ti, para llevarte al Mundo de los Muertos.

El rey no pareció sorprenderse. Invitó al

genio a tomar asiento y le ofreció un poco de agua.

—Y ¿cómo me llevarás hasta allá? —le preguntó— ¿Me vas a atar, acaso?

—No, Sísifo, no te voy a atar.

—Pero ¿cómo harás para que yo no escape?

—No podrás escapar.

—Pero ¿cómo lo sabes? —insistió Sísifo— Mira... Te voy a mostrar una manera de encadenar a la gente de la que nadie puede liberarse... Te será muy útil.

Y encadenó a Tánatos. Lo dejó cómodamente sentado en una terraza, para que pudiera ver el mar, mientras él continuaba con su vida como si nada.

Esta situación pronto se hizo insoportable, pues sin que Tánatos interviniera, nadie en el mundo podía morir. Ni los enfermos, ni los accidentados, ni siquiera aquellos desafortunados a quienes se les cortaba la cabeza. Era terrible. Por fin, Ares, el dios de la guerra, intervino: Desencadenó a Tánatos y él mismo sujetó a Sísifo mientras el genio lo transpor-

****

taba hasta el Mundo Subterráneo.

Pero Sísifo había tomado sus precauciones. Había ordenado a su esposa que cuando él muriera, su cuerpo no debía ser enterrado ni incinerado, ni honrado de ninguna manera.

En el momento en que iba a abordar la nave de Caronte se excusó:

—Disculpa, barquero, no tengo ninguna moneda para pagar el viaje. Regresaré a casa por una.

Pero Ares pagó por él.

Ya en el reino de Hades, Sísifo pidió audiencia con la diosa Perséfone.

—Bella señora —le dijo—, la más hermosa de todas: Yo soy una sombra como cualquiera de las que habita tu reino, pero no puedo permanecer en paz... Allá en la tierra mis restos no han recibido los honores correspondientes. Mi cuerpo permanece abandonado como el de un animal... Bella señora, la más hermosa de todas: permíteme regresar para darle arreglo a esta situación. En tres días estaré de vuelta.

Perséfone accedió, y Sísifo volvió a la vida. En aquel entonces él era todavía un hombre maduro, y en cuanto se vio de nuevo en la tierra se las arregló de mil maneras para escaparse de regresar con los muertos hasta que alcanzó una edad muy avanzada.

Finalmente, tuvo que morir porque su cuerpo no daba para más. Entonces los jueces del Tártaro decidieron imponerle un castigo ejemplar: debía empujar una gran roca cuesta arriba por la pendiente de una gran montaña hasta llegar a la cumbre. Cuando lograra alcanzar la cima y hacer que la roca pasara del lado opuesto terminarían sus trabajos.

Pero lo que Sísifo ignoraba era que por disposición de los dioses la roca jamás llegaría a la cima. De tal manera, luego de muchos esfuerzos, Sísifo lograba casi alcanzar su objetivo, pero en el último momento flaqueaban sus fuerzas y la roca regresaba cuesta abajo hasta el punto donde todo había iniciado, y así una y otra vez hasta el infinito.

****

Piensa :

El castigo de Sísifo tiene mucho en común con algunas de las empresas a las que se entregan los humanos. Significa un esfuerzo arduo y constante que a punto de dar resultado se viene abajo por completo

☞ ¿Conoces alguna de estas empresas?

☞ ¿Conoces a alguien que se dedique a ellas?

El retorno de Midas

Después de que el rey Midas perdió el don de convertirlo todo en oro inició el camino de regreso a su palacio. En un claro del bosque se topó con un acontecimiento singular:

El sátiro Marsias había retado a una competencia musical nada menos que al dios Apolo, quien tañía la lira mejor que el propio Orfeo. Marsias por accidente había encontrado una flauta que alguien dejara olvidada en un claro del bosque; luego de practicar con ella algún tiempo había llegado a sentirse todo un maestro.

El juez del encuentro sería Tmolo, dios de un río cercano.

La competencia no duró mucho, ni resultó difícil para Tmolo dar su veredicto.

—El ganador es Apolo —dijo contundentemente.

****

Pero en ese momento Midas intervino:

—¡Yo me opongo! —declaró, imprudente— El sátiro ha tocado mejor.

Apolo no pudo soportar semejante ofensa. Colocó cuidadosamente la lira en el suelo, se acercó a Midas y lo tomó de las orejas.

—¿Qué dices, mortal? —preguntó con gesto irónico— ¿Te atreves a contradecir la sentencia de un dios? ¡Te hace falta tener un oído más fino para apreciar la buena música!

Apolo tiró de las orejas de Midas y éstas se alargaron y fueron llenándose de pelo como las de los burros. Soltó a Midas, dio la vuelta y se dirigió al sátiro.

—Y tú —le dijo—, ¡lárgate de aquí!

Y con un movimiento de la mano lo convirtió en un riachuelo que comenzó a correr y a correr en busca del mar.

Midas huyó aterrorizado. Escondió las grandes orejas bajo su capa, que se enredó en la cabeza. Ya en su palacio regresó a la vida normal, pero cuidando de que nadie se enterara de su deformidad.

****

En una ocasión el barbero que lo afeitaba pudo ver por accidente aquellas enormes orejas. En el acto Midas le advirtió:

—¡No le digas a nadie lo que has visto, porque te costaría la vida!

El barbero guardó silencio por algún tiempo. Pero no hay nada más difícil que guardar un secreto, y más aun cuando éste ridiculiza a una persona importante. Así, llegó el momento en que la carga resultó demasiado pesada.

El barbero corrió hasta un lugar solitario a las afueras de la ciudad, cavó un profundo hoyo en la tierra, metió la cabeza hasta el fondo y susurró: "El rey Midas tiene orejas de burro", luego tapó el hoyo y, muy aliviado, regresó a su casa.

Con el tiempo, en aquel preciso lugar brotó un junco que cada que soplaba la brisa, por débil que fuera, decía al viento con voz rasposa: "El rey Midas tiene orejas de burro.. El rey Midas tiene orejas de burro... El rey Midas tiene orejas de burro..."

****

Piensa :

Antes de hacer algo hay que calcular las posibles consecuencias de nuestros actos, si no lo hacemos así...

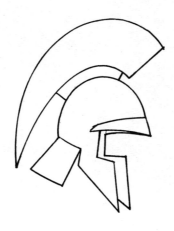

Dédalo e Icaro

Minos, el rey de Creta, se enteró de que Dédalo había ayudado a Teseo a matar al Minotauro. Como castigo, mandó encerrar al propio Dédalo, junto con su joven hijo Icaro en el laberinto, asegurándose de que no llevaran ninguna madeja de hilo ni nada parecido.

Ahí permanecieron algún tiempo. Como Dédalo había sido el constructor del edificio sabía bien que no existía escapatoria posible para cualquier criatura terrestre, como lo había sido el Minotauro. Solamente los pájaros podían entrar y salir de ahí a voluntad. Meditó profundamente en busca de una solución. Por fin, una mañana puso manos a la obra: recolectó cientos de plumas de diferentes aves, las unió entre sí y luego se las pegó a los brazos con cera. De esta manera, fabricó unas alas con las que podría salir volando de ahí.

****

Lo mismo hizo con su hijo, quien se entusiasmó muchísimo. Icaro era apenas un adolescente y tan sólo de pensar que volaría igual que las aves se puso a saltar de alegría.

—Tranquilo, hijo —aconsejó Dédalo—. Recuerda que todavía tenemos que atravesar el mar para encontrarnos por fin a salvo.

—Sí, papá... sí... —respondió distraídamente el muchacho.

—Hazme caso, Icaro. No vayas a volar muy bajo porque puede alcanzarte una ola, tampoco te eleves demasiado porque el sol puede derretir la cera de tus alas, ¿entendido?

Terminaron los preparativos y echaron a volar. Hay pocas cosas que pueden hacer tan feliz el corazón de los hombres como recobrar la libertad. Pero pronto Icaro confió demasiado en sus propias fuerzas. Comenzó a hacer cabriolas en el aire, a dejarse caer en picada para luego remontar velozmente las alturas. Ensayaba giros y suertes sin tener en cuenta las indicaciones de su padre.

—¡Deja de hacer eso! —le gritó Dédalo, que

****

volaba prudentemente— Recuerda lo que te he dicho. ¡Pára ya, que puede pasarte algo!

Pero Icaro no lo escuchó. Para él todo era alegría y libertad, la más absoluta de las libertades. Y entonces sucedió:

Los rayos del sol, como había advertido Dédalo, derritieron la cera con que se hallaban pegadas las alas al cuerpo de Icaro, quien se había elevado demasiado. El pobre muchacho se precipitó aterrado hacia las aguas del mar, sin que su padre pudiera hacer nada para salvarlo de la muerte.

Dédalo llegó sano y salvo a tierra firme, libre al fin; pero ya sin su hijo, la persona a quien él más quería en el mundo, de nada le valió.

Piensa :

Ya en el aire ninguno podía ayudar al otro. La vida propia era responsabilidad de cada quien...

☞   ¿Eres tú responsable de tu vida?

☞   ¿Necesitas volar como las aves para serlo?

☞   ¿Podría ayudarte alguien si cayeras?

****

La caja de Pandora

Como castigo por haber robado el fuego de los dioses, Zeus mandó encadenar a Prometeo en la cumbre de una elevada montaña, pero no se conformó con eso. Encargó a Hefestos que fabricara en su horno a la mujer más hermosa jamás vista por los ojos humanos y la mandara como regalo, junto con una extraña caja, a Epimeteo, hermano menor de Prometeo.

Hermes fue el encargado de entregar el fabuloso regalo.

—Zeus manda que te cases con esta mujer —dijo a Epimeteo— y te nombra guardián de esta caja. Nadie debe abrirla, pues contiene grandes secretos que sólo pertenecen a los dioses.

Epimeteo aceptó muy sorprendido. No se atrevió siquiera a formular una pregunta, por miedo a ser castigado como su hermano.

****

En realidad Pandora era una mujer hermosísima, tan bella y seductora como tonta,
irreflexiva y curiosa. En cuanto Hermes los
dejó solos, ella propuso:

—¡Abre la caja!... ¡Veamos cuáles son esos
secretos tan valiosos!

Epimeteo por supuesto se negó: nunca hubiera tenido el valor suficiente para contradecir a los dioses, como lo había hecho Prometeo.

Pasó el tiempo y ella nunca dejó de insistir.
Por su parte, él escondió la caja en un lugar
secreto, donde pensó que Pandora jamás la
encontraría.

Un día, por casualidad, Pandora levantó un
pedazo de madera y dio con el escondite.
Tomó la caja, salió corriendo hasta un lugar
donde nadie la viera y, sin meditarlo dos veces, le quitó la tapa.

Esperaba encontrar maravillas y grandes
tesoros, pero en su lugar, de la caja salieron,
en forma de una pestilente nube negra, todos
los males que aquejan a la humanidad: el
cansancio, la vejez, la enfermedad, la locura,

los vicios y las más bajas pasiones. Aquella plaga pronto se diseminó por toda la tierra.

Hasta entonces los hombres habían vivido sin ningún tipo de preocupaciones y aquellos males llegaron para hacerles dura y amarga la existencia.

Sin embargo, lo último en salir de la caja, pequeñito y brillante parecido a una piedra preciosa, fue la esperanza, que también se extendió entre los mortales y que desde entonces les brinda el aliento necesario para, día tras día, luchar contra las adversidades.

Piensa :

☞ ¿Qué importancia tuvo para los hombres la desobediencia de Pandora?

☞ ¿Qué es más importante, la obediencia o la desobediencia?

Esta edición se imprimió en Agosto de 2004.Grupo Impresor
Mexicano. Trueno Mz. 88 Lt. 31 México, D. F. 09630